Alianza Cien
pone al alcance de todos
las mejores obras de la literatura
y el pensamiento universales
en condiciones óptimas de calidad y precio
e incita al lector

al co  n autor,

crea vida.

Alianza Cien
es un reto y una ambiciosa iniciativa cultural

TEXTOS COMPLETOS

TCF

IMPRESO EN PAPEL ECOLÓGICO
(EXENTO DE CLORO)

OCTAVIO PAZ

Arenas movedizas
La hija de Rappaccini

Alianza Editorial

Diseño de cubierta: Ángel Uriarte

© Octavio Paz
© Alianza Editorial, S. A. Madrid, 1994
Calle J. I. Luca de Tena, 15, 28027 Madrid; teléf. 741 66 00
ISBN: 84-206-4630-X
Depósito legal: M. 9.433-1994
Impreso en Impresos y Revistas, S. A.
Printed in Spain

Arenas movedizas
[1949]

EL RAMO AZUL

Desperté, cubierto de sudor. Del piso de ladrillos rojos, recién regado, subía un vapor caliente. Una mariposa de alas grisáceas revoloteaba encandilada alrededor del foco amarillento. Salté de la hamaca y descalzo atravesé el cuarto, cuidando no pisar algún alacrán salido de su escondrijo a tomar el fresco. Me acerqué al ventanillo y aspiré el aire del campo. Se oía la respiración de la noche, enorme, femenina. Regresé al centro de la habitación, vacié el agua de la jarra en la palangana de peltre y humedecí la toalla. Me froté el torso y las piernas con el trapo empapado, me sequé un poco y, tras de cerciorarme que ningún bicho estaba escondido entre los pliegues de mi ropa, me vestí y calcé. Bajé saltando la escalera pintada de verde. En la puerta del mesón tropecé con el dueño, sujeto tuerto y reticente. Sentado en una sillita de tule, fumaba con el ojo entrecerrado. Con voz ronca me preguntó:

—¿Ónde va, señor?

—A dar una vuelta. Hace mucho calor.

—Hum, todo está ya cerrado. Y no hay alumbrado aquí. Más le valiera quedarse.

Alcé los hombros, musité «ahora vuelvo» y me metí en lo obscuro. Al principio no veía nada. Caminé a tientas por la calle empedrada. Encendí un cigarrillo. De pronto salió la luna de una nube negra, iluminando un muro blanco, desmoronado a trechos. Me detuve, ciego ante tanta blancura. Sopló un poco de viento. Respiré el aire de los tamarindos. Vibraba la noche, llena de hojas e insectos. Los grillos vivaqueaban entre las hierbas altas. Alcé la cara: arriba también habían establecido campamento las estrellas. Pensé que el universo era un vasto sistema de señales, una conversación entre seres inmensos. Mis actos, el serrucho del grillo, el parpadeo de la estrella, no eran sino pausas y sílabas, frases dispersas de aquel diálogo. ¿Cuál sería esa palabra de la cual yo era una sílaba? ¿Quién dice esa palabra y a quién se la dice? Tiré el cigarrillo sobre la banqueta. Al caer, describió una curva luminosa, arrojando breves chispas, como un cometa minúsculo.

Caminé largo rato, despacio. Me sentía libre, seguro entre los labios que en ese momento me pronunciaban con tanta felicidad. La noche era un jardín de ojos. Al cruzar una calle, sentí que alguien se desprendía de una puerta. Me volví, pero no acerté a distinguir nada. Apreté el paso. Unos instantes después percibí el apagado rumor de unos huaraches sobre las piedras calientes. No quise volverme, aunque sentía que la sombra se acercaba cada vez más. Intenté correr. No pude. Me detuve en seco, bruscamente. Antes de que pudiese defenderme, sentí la punta de un cuchillo en mi espalda y una voz dulce:

—No se mueva, señor, o se lo entierro.

Sin volver la cara, pregunté:

—¿Qué quieres?

—Sus ojos, señor —contestó la voz suave, casi apenada.

—¿Mis ojos? ¿Para qué te servirán mis ojos? Mira, aquí tengo un poco de dinero. No es mucho, pero es algo. Te daré todo lo que tengo, si me dejas. No vayas a matarme.

—No tenga miedo, señor. No lo mataré. Nada más voy a sacarle los ojos.

—Pero, ¿para qué quieres mis ojos?

—Es un capricho de mi novia. Quiere un ramito de ojos azules. Y por aquí hay pocos que los tengan.

—Mis ojos no te sirven. No son azules, sino amarillos.

—Ay, señor no quiera engañarme. Bien sé que los tiene azules.

—No se le sacan a un cristiano los ojos así. Te daré otra cosa.

—No se haga el remilgoso, me dijo con dureza. Dé la vuelta.

Me volví. Era pequeño y frágil. El sombrero de

palma le cubría medio rostro. Sostenía con el brazo derecho un machete de campo, que brillaba con la luz de la luna.

—Alúmbrese la cara.

Encendí y me acerqué la llama al rostro. El resplandor me hizo entrecerrar los ojos. Él apartó mis párpados con mano firme. No podía ver bien. Se alzó sobre las puntas de los pies y me contempló intensamente. La llama me quemaba los dedos. La arrojé. Permaneció un instante silencioso.

—¿Ya te convenciste? No los tengo azules.

—Ah, qué mañoso es usted —respondió—. A ver, encienda otra vez.

Froté otro fósforo y lo acerqué a mis ojos. Tirándome de la manga, me ordenó:

—Arrodíllese.

Me hinqué. Con una mano me cogió por los cabellos, echándome la cabeza hacia atrás. Se inclinó sobre mí, curioso y tenso, mientras el machete descendía lentamente hasta rozar mis párpados. Cerré los ojos.

—Ábralos bien —ordenó.

Abrí los ojos. La llamita me quemaba las pestañas. Me soltó de improviso.

—Pues no son azules, señor. Dispense.

Y desapareció. Me acodé junto al muro, con la cabeza entre las manos. Luego me incorporé. A tropezones, cayendo y levantándome, corrí durante una hora por el pueblo desierto. Cuando llegué a la plaza, vi al dueño del mesón, sentado aún frente

10

a la puerta. Entré sin decir palabra. Al día siguiente huí de aquel pueblo.

ANTES DE DORMIR

Te llevo como un objeto perteneciente a otra edad, encontrado un día al azar y que palpamos con manos ignorantes. ¿Fragmento de qué culto, dueño de qué poderes ya desaparecidos, portador de qué cóleras o de qué maldiciones que el tiempo ha vuelto irrisorias, cifra en pie de qué números caídos? Su presencia nos invade hasta ocupar insensiblemente el centro de nuestras preocupaciones, sin que valga la reprobación de nuestro juicio, que declara su belleza —ligeramente horrenda— peligrosa para nuestro pequeño sistema de vida, hecho de erizadas negaciones, muralla circular que defiende dos o tres certidumbres. Así tú. Te has instalado en mi pecho y como una campana neumática desalojas pensamientos, recuerdos y deseos. Invisible y callado, a veces te asomas por mis ojos para ver el mundo de afuera; entonces me siento mirado por los objetos que contemplas y me sobrecoge una infinita vergüenza y un gran desamparo. Pero ahora, ¿me escuchas?, ahora voy a arrojarte, voy a deshacerme de ti para siempre. No pretendas huir. No podrías. No te muevas, te lo ruego: podría costarte caro. Quédate quieto: quiero oír tu pulso vacío, contemplar tu rostro sin facciones. ¿Dónde estás? No te escondas. No tengas miedo. ¿Por qué te quedas callado? No, no te haré nada, era sólo una broma. ¿Comprendes? A veces me excito, tengo la sangre viva, profiero palabras por las que luego debo pedir perdón. Es mi carácter. Y la vida. Tú no la conoces. ¿Qué sabes tú de la vida, siempre encerrado, oculto? Así es fácil ser sensato. Adentro, nadie incomoda. La calle es otra cosa: te dan empellones, te sonríen, te roban. Son insaciables. Y ahora que tu silencio me prueba que me has perdonado, deja que te haga una pregunta. Estoy seguro que vas a contestarla clara y sencillamente, como se responde a un camarada después de una larga ausencia. Es cierto que la palabra ausencia no es la más apropiada, pero debo confesarte que tu intolerable presencia se parece a lo que llaman el «vacío de la ausencia». ¡El vacío de tu presencia, tu presencia vacía! Nunca te veo, ni te siento, ni te oigo. ¿Por qué te presentas sin ruido? Durante horas te quedas quieto, agazapado en no sé qué repliegue. No creo ser muy exigente. No te pido mucho: una seña, una pequeña indicación, un movimiento de ojos, una de esas atenciones que no cuestan nada al que las otorga y que llenan de gozo al que las recibe. No reclamo, ruego. Acepto mi situación y sé hasta dónde puedo llegar. Reconozco que eres el más fuerte y el más hábil: penetras por la hendidura de la tristeza o por la brecha de la alegría, te sirves del sueño y de la vigilia, del espejo y del muro, del beso y de la lágrima. Sé que te pertenezco, que estarás a mi lado el día de la muerte y que entonces tomarás posesión de mí. ¿Por qué esperar tanto tiempo? Te prevengo desde ahora: no esperes la muerte en la batalla, ni la del criminal, ni la del mártir. Habrá una pequeña agonía, acompañada de los acostumbrados terrores, delirios modestos, tardías iluminaciones sin consecuencia. ¿Me oyes? No te veo. Escondes siempre la cara. Te haré una confidencia —ya ves, no te guardo rencor y estoy seguro que un día vas a romper ese absurdo silencio—: al cabo de tantos años de vivir... aunque siento que no he vivido nunca, que he sido vivido por el tiempo, ese tiempo desdeñoso e implacable que jamás se ha detenido, que jamás me ha hecho una seña, que siempre me ha ignorado. Probablemente soy demasiado tímido y no he tenido el valor de asirlo por el cuello y decirle: «Yo también existo», como el pequeño funcionario que en un pasillo detiene al Director General y le dice: «Buenos días, yo también...», pero, ante la admiración del otro, el pequeño funcionario enmudece, pues de pronto comprende la inutilidad de su gesto: no tiene nada que decirle a su Jefe. Así yo: no tengo nada que decirle al tiempo. Y él tampoco tiene nada que decirme. Y ahora, después de este largo rodeo, creo que estamos más cerca de lo que iba a decirte: al cabo de tantos años de vivir —espera, no seas impaciente, no quieras escapar: tendrás que oírme hasta el fin—, al cabo de tantos años, me he dicho: ¿a quién, si no a él, puedo contarle mis cosas? En efecto —no me avergüenza decirlo y tú no deberías enrojecer— sólo te tengo a ti. A ti. No creas que quiero provocar tu compasión; acabo de emitir una verdad, corroboro un hecho y nada más. Y tú, ¿a quién tienes? ¿Eres de alguien como yo soy de ti? O si lo prefieres, ¿tienes a alguien como yo te tengo a ti? Ah, palideces, te quedas callado. Comprendo tu estupor: a mí también me ha desvelado la posibilidad de que tú seas de otro, que a su vez sería de otro, hasta no acabar nunca. No te preocupes: yo no hablo sino contigo. A no ser que tú, en este momento, digas lo mismo que te digo a un silencioso tercero, que a su vez... No, si tú eres otro: ¿quién sería yo? Te repito, ¿tú, a quién tienes? A nadie, excepto a mí. Tú también estás solo, tú también tuviste una infancia solitaria y ardiente —todas las fuentes te hablaban, todos los pájaros te obedecían— y ahora... No me interrumpas. Empezaré por el principio: cuando te conocí —sí, comprendo muy bien tu extrañeza y adivino lo que vas a decirme: en realidad no te conozco, nunca te he visto, no sé quién eres. Es cierto. En otros tiempos creía que eras esa ambición que nuestros padres y amigos nos destilan en el oído, con un nombre y una moral —nombre y moral que a fuerza de roces se hincha y crece, hasta que alguien viene con un menudo alfiler y revienta la pequeña bolsa de pus—; más tarde pensé que eras ese pensamiento que salió un día de mi frente al asalto del mundo;

luego te confundí con mi amor por Juana, María, Dolores; o con mi fe en Julián, Agustín, Rodrigo. Creí después que eras algo muy lejano y anterior a mí, acaso mi vida prenatal. Eras la vida, simplemente. O, mejor, el hueco tibio que deja la vida cuando se retira. Eras el recuerdo de la vida. Esta idea me llevó a otra: mi madre no era matriz sino tumba y agonía los nueve meses de encierro. Logré desechar esos pensamientos. Un poco de reflexión me ha hecho ver que no eres recuerdo, ni siquiera un olvido: no te siento como el que fui sino como el que voy a ser, como el que está siendo. Y cuando quiero apurarte, te me escapas. Entonces te siento como ausencia. En fin, no te conozco, no te he visto nunca, pero jamás me he sentido solo, sin ti. Por eso debes aceptar aquella frase —¿la recuerdas: «cuando te conocí»?— como una expresión figurada, como un recurso de lenguaje. Lo cierto es que siempre me acompañas, siempre hay alguien conmigo. Y para decirlo todo de una sola vez: ¿quién eres? Es inútil esconderse más tiempo. Ha durado ya bastante este juego. ¿No te das cuenta de que puedo morir ahora mismo? Si muero, tu vida dejará de tener sentido. Yo soy tu vida y el sentido de tu vida. O es a la inversa: ¿tú eres el sentido de mi vida? Habla, di algo. ¿Aún me odias porque amenacé con arrojarte por la ventana? Lo hice para picarte la cresta. Y te quedaste callado. Eres un cobarde. ¿Recuerdas cuando te insulté? ¿Y cuando vomité sobre ti? ¿Y cuando tenías que ver con esos ojos que nunca se cierran cómo dormía con aquella vieja infame y que hablaba de suicidio? Da la cara. ¿Dónde estás? En el fondo, nada de esto me importa. Estoy cansado, eso es todo. Tengo sueño. ¿No te fatigan estas interminables discusiones, como si fuésemos un matrimonio que a las cinco de la mañana, con los párpados hinchados, sobre la cama revuelta sigue dando vueltas a la querella empezada hace veinte años? Vamos a dormir. Dame las buenas noches, sé un poco cortés. Estás condenado a vivir conmigo y deberías esforzarte por hacer la vida más llevadera. No alces los hombros. Calla si quieres, pero no te alejes. No quiero estar solo: desde que sufro menos soy más desdichado. Quizá la dicha es como la espuma de la dolorosa marea de la vida, que cubre con una plenitud roja nuestras almas. Ahora la marea se retira y nada queda de aquello que tanto nos hizo sufrir. Nada sino tú. Estamos solos, estás solo. No me mires: cierra los ojos, para que yo también pueda cerrarlos. Todavía no puedo acostumbrarme a tu mirada sin ojos.

MI VIDA CON LA OLA

Cuando dejé aquel mar, una ola se adelantó entre todas. Era esbelta y ligera. A pesar de los gritos de las otras, que le detenían por el vestido flotante, se colgó de mi brazo y se fue conmigo saltando. No

quise decir nada, porque me daba pena avergon-
zarla ante sus compañeras. Además, las miradas
coléricas de las mayores me paralizaron. Cuando
llegamos al pueblo, le expliqué que no podía ser,
que la vida en la ciudad no era lo que ella pensaba
en su ingenuidad de ola que nunca ha salido del
mar. Me miró seria: «No, su decisión estaba toma-
da. No podía volver.» Intenté dulzura, dureza, iro-
nía. Ella lloró, gritó, acarició, amenazó. Tuve que
pedirle perdón.

Al día siguiente empezaron mis penas. ¿Cómo
subir al tren sin que nos vieran el conductor, los
pasajeros, la policía? Es cierto que los reglamentos
no dicen nada respecto al transporte de olas en los
ferrocarriles, pero esa misma reserva era un indi-
cio de la severidad con que se juzgaría nuestro
acto. Tras de mucho cavilar me presenté en la estación una hora antes de la salida, ocupé mi asiento
y, cuando nadie me veía, vacié el depósito de agua
para los pasajeros; luego, cuidadosamente, vertí en
él a mi amiga.

El primer incidente surgió cuando los niños de
un matrimonio vecino declararon su ruidosa sed.
Les salí al paso y les prometí refrescos y limona-
das. Estaban a punto de aceptar cuando se acercó
otra sedienta. Quise invitarla también, pero la mirada de su acompañante me detuvo. La señora
tomó un vasito de papel, se acercó al depósito y
abrió la llave. Apenas estaba a medio llenar el vaso
cuando me interpuse de un salto entre ella y mi

amiga. La señora me miró con asombro. Mientras pedía disculpas, uno de los niños volvió a abrir el depósito. Lo cerré con violencia. La señora se llevó el vaso a los labios:

—Ay, el agua está salada.

El niño le hizo eco. Varios pasajeros se levantaron. El marido llamó al Conductor:

—Este individuo echó sal al agua.

El Conductor llamó al Inspector:

—¿Conque usted echó substancias en el agua?

El Inspector llamó al policía en turno:

—¿Conque usted echó veneno al agua?

El policía en turno llamó al Capitán:

—¿Conque usted es el envenenador?

El Capitán llamó a tres agentes. Los agentes me llevaron a un vagón solitario, entre las miradas y los cuchicheos de los pasajeros. En la primera estación me bajaron y a empujones me arrastraron a la cárcel. Durante días no se me habló, excepto durante los largos interrogatorios. Cuando contaba mi caso nadie me creía, ni siquiera el carcelero, que movía la cabeza, diciendo: «El asunto es grave, verdaderamente grave. ¿No había querido envenenar a unos niños?» Una tarde me llevaron ante el Procurador.

—Su asunto es difícil —repitió—. Voy a consignarlo al Juez Penal.

Así pasó un año. Al fin me juzgaron. Como no hubo víctimas, mi condena fue ligera. Al poco tiempo, llegó el día de la libertad.

El Jefe de la Prisión me llamó:

—Bueno, ya está libre. Tuvo suerte. Gracias a que no hubo desgracias. Pero que no se vuelva a repetir, porque la próxima le costará caro...

Y me miró con la misma mirada seria con que todos me veían.

Esa misma tarde tomé el tren y luego de unas horas de viaje incómodo llegué a México. Tomé un taxi y me dirigí a casa. Al llegar a la puerta de mi departamento oí risas y cantos. Sentí un dolor en el pecho, como el golpe de la ola de la sorpresa cuando la sorpresa nos golpea en pleno pecho: mi amiga estaba allí, cantando y riendo como siempre.

—¿Cómo regresaste?

—Muy fácil: en el tren. Alguien, después de cerciorarse de que sólo era agua salada, me arrojó en la locomotora. Fue un viaje agitado: de pronto era un penacho blanco de vapor, de pronto caía en lluvia fina sobre la máquina. Adelgacé mucho. Perdí muchas gotas.

Su presencia cambió mi vida. La casa de pasillos obscuros y muebles empolvados se llenó de aire, de sol, de rumores y reflejos verdes y azules, pueblo numeroso y feliz de reverberaciones y ecos. ¡Cuántas olas es una ola y cómo puede hacer playa o roca o rompeolas un muro, un pecho, una frente que corona de espumas! Hasta los rincones abandonados, los abyectos rincones del polvo y los detritus fueron tocados por sus manos ligeras. Todo se puso a sonreír y por todas partes brillaban dientes blancos. El sol entraba con gusto en las viejas habitaciones y se quedaba en casa por horas, cuando ya hacía tiempo que había abandonado las otras casas, el barrio, la ciudad, el país. Y varias noches, ya tarde, las escandalizadas estrellas lo vieron salir de mi casa, a escondidas.

El amor era un juego, una creación perpetua. Todo era playa, arena, lecho de sábanas siempre frescas. Si la abrazaba, ella se erguía, increíblemente esbelta, como el tallo líquido de un chopo; y de pronto esa delgadez florecía en un chorro de plumas blancas, en un penacho de risas que caían sobre mi cabeza y mi espalda y me cubrían de blancuras. O se extendía frente a mí, infinita como el horizonte, hasta que yo también me hacía horizonte y silencio. Plena y sinuosa, me envolvía como una música o unos labios inmensos. Su presencia era un ir y venir de caricias, de rumores, de besos. Entraba en sus aguas, me ahogaba a medias y en un cerrar de ojos me encontraba arriba, en lo alto del vértigo, misteriosamente suspendido, para caer después como una piedra, y sentirme suavemente depositado en lo seco, como una pluma. Nada es comparable a dormir mecido en esas aguas, si no es despertar golpeado por mil alegres látigos ligeros, por mil arremetidas que se retiran, riendo.

Pero jamás llegué al centro de su ser. Nunca toqué el nudo del ay y de la muerte. Quizá en las olas no existe ese sitio secreto que hace vulnerable y mortal a la mujer, ese pequeño botón eléctrico donde todo se enlaza, se crispa y se yergue, para luego desfallecer. Su sensibilidad, como la de las mujeres, se propagaba en ondas, sólo que no eran ondas concéntricas, sino excéntricas, que se extendían cada vez más lejos, hasta tocar otros astros. Amarla era prolongarse en contactos remotos, vibrar con estrellas lejanas que no sospechamos. Pero su centro... no, no tenía centro, sino un vacío parecido al de los torbellinos, que me chupaba y me asfixiaba.

Tendidos el uno al lado del otro, cambiábamos confidencias, cuchicheos, risas. Hecha un ovillo, caía sobre mi pecho y allí se desplegaba como una vegetación de rumores. Cantaba a mi oído, caracola. Se hacía humilde y transparente, echada a mis pies como un animalito, agua mansa. Era tan límpida que podía leer todos su pensamientos. Ciertas noches su piel se cubría de fosforescencias y abrazarla era abrazar un pedazo de noche tatuada de fuego. Pero se hacía también negra y amarga. A horas inesperadas mugía, suspiraba, se retorcía. Sus gemidos despertaban a los vecinos. Al oírla el viento del mar se ponía a rascar la puerta de la casa o deliraba en voz alta por las azoteas. Los días nublados la irritaban; rompía muebles, decía malas palabras, me cubría de insultos y de una espuma gris y verdosa. Escupía, lloraba, juraba, profetizaba. Sujeta a la luna, a las estrellas, al influjo de la luz de otros mundos, cambiaba de humor y de semblante de una manera que a mí me parecía fantástica, pero que era fatal como la marea.

Empezó a quejarse de soledad. Llené la casa de caracolas y conchas, de pequeños barcos veleros, que en sus días de furia hacía naufragar (junto con los otros, cargados de imágenes, que todas las noches salían de mi frente y se hundían en sus feroces o graciosos torbellinos). ¡Cuántos pequeños tesoros se perdieron en ese tiempo! Pero no le bastaban mis barcos ni el canto silencioso de las caracolas. Tuve que instalar en la casa una colonia de peces. Confieso que no sin celos los veía nadar en mi amiga, acariciar sus pechos, dormir entre sus piernas, adornar su cabellera con leves relámpagos de colores.

Entre todos aquellos peces había unos particularmente repulsivos y feroces, unos pequeños tigres de acuario, de grandes ojos fijos y bocas hendidas y carniceras. No sé por qué aberración mi amiga se complacía en jugar con ellos, mostrándoles sin rubor una preferencia cuyo significado prefiero ignorar. Pasaba largas horas encerrada con aquellas horribles criaturas. Un día no pude más; eché abajo la puerta y me arrojé sobre ellos. Ágiles y fantasmales, se me escapaban entre las manos mientras ella reía y me golpeaba hasta derribarme. Sentí que me ahogaba. Y cuando estaba a punto de morir, morado ya, me depositó suavemente en la orilla y empezó a besarme, diciendo no sé qué cosas. Me sentí muy débil, molido y humillado. Porque su voz era dulce y me hablaba de la muerte deliciosa de los ahogados. Cuando volví en mí, empecé a temerla y odiarla.

Tenía descuidados mis asuntos. Empecé a frecuentar a los amigos y reanudé viejas y queridas relaciones. Encontré a una amiga de juventud. Haciéndole jurar que me guardaría el secreto, le conté mi vida con la ola. Nada conmueve tanto a las mujeres como la posibilidad de salvar a un hombre. Mi redentora empleó todas sus artes, pero ¿qué podía una mujer dueña de un número limitado de almas y cuerpos, frente a mi amiga, siempre cambiante —y siempre idéntica a sí misma en sus metamorfosis incesantes?

Vino el invierno. El cielo se volvió gris. La niebla cayó sobre la ciudad. Llovía una llovizna helada. Mi amiga gritaba todas las noches. Durante el día se aislaba, quieta y siniestra, mascullando una sola sílaba, como una vieja que rezonga en un rincón. Se puso fría; dormir con ella era tiritar toda la noche y sentir cómo se helaban paulatinamente la sangre, los huesos, los pensamientos. Se volvió honda, impenetrable, revuelta. Yo salía con frecuencia y mis ausencias eran cada vez más prolongadas. Ella, en su rincón, aullaba largamente. Con dientes acerados y lengua corrosiva roía los muros, desmoronaba las paredes. Pasaba las noches en vela, haciéndome reproches. Tenía pesadillas, deliraba con el sol, con playas ardientes. Soñaba con el polo y en convertirse en un gran trozo de hielo, navegando bajo cielos negros en noches largas como meses. Me injuriaba. Maldecía y reía; llenaba la casa de carcajadas y fantasmas. Llamaba a los monstruos de las profundidades, ciegos, rápidos y obtusos. Cargada de electricidad, carbonizaba lo que tocaba; de ácidos, corrompía lo que rozaba. Sus dulces brazos se volvieron cuerdas ásperas que me estrangulaban. Y su cuerpo, verdoso y elástico, era un látigo implacable, que golpeaba, golpeaba, golpeaba. Huí. Los horribles peces reían con risa feroz.

Allá en las montañas, entre los altos pinos y los despeñaderos, respiré el aire frío y fino como un pensamiento de libertad. Al cabo de un mes regresé. Estaba decidido. Había hecho tanto frío que encontré sobre el mármol de la chimenea, junto al fuego extinto, una estatua de hielo. No me conmovió su aborrecida belleza. La eché en un gran saco de lona y salí a la calle, con la dormida a cuestas. En un restaurante de las afueras la vendí a un cantinero amigo, que inmediatamente empezó a picarla en pequeños trozos, que depositó cuidadosamente en las cubetas donde se enfrían las botellas.

CARTA A DOS DESCONOCIDAS

Todavía no sé cuál es tu nombre. Te siento tan mía que llamarte de algún modo sería como separarme de ti, reconocer que eres distinta a la substancia de que están hechas las sílabas que forman mi nombre. En cambio, conozco demasiado bien el de ella y hasta qué punto ese nombre se interpone entre nosotros, como una muralla impalpable y elástica que no se puede nunca atravesar.

Todo esto debe parecerte confuso. Prefiero explicarte cómo te conocí, cómo advertí tu presencia y por qué pienso que tú y ella son y no son lo mismo.

No me acuerdo de la primera vez. ¿Naciste conmigo o ese primer encuentro es tan lejano que tuvo tiempo de madurar en mi interior y fundirse a mi ser? Disuelta en mí mismo, nada me permitía distinguirte del resto de mí, recordarte, reconocerte. Pero el muro de silencio que ciertos días cierra el paso al pensamiento, la oleada innombrable —la oleada de vacío— que sube desde mi estómago hasta mi frente y allí se instala como una avidez que no se aplaca y una sentencia que no se tuerce, el invisible precipicio que en ocasiones se abre frente a mí, la gran boca maternal de la ausencia —la vagina que bosteza y me engulle y me deglute y me expulsa: ¡al tiempo, otra vez al tiempo!—, el mareo y el vómito que me tiran hacia abajo cada vez que desde lo alto de la torre de mis ojos me contemplo... todo, en fin, lo que me enseña que no soy sino una ausencia que se despeña, me revelaba —¿cómo decirlo?— tu presencia. Me habitabas como esas arenillas impalpables que se deslizan en un mecanismo delicado y que, si no impiden su marcha, la trastornan hasta corroer todo el engranaje.

La segunda vez: un día te desprendiste de mi carne, al encuentro de una mujer alta y rubia, vestida de blanco, que te esperaba sonriente en un pequeño muelle. Recuerdo la madera negra y luciente y el agua gris retozando a sus pies. Había una profusión de mástiles, velas, barcas y pájaros marinos que chillaban. Siguiendo tus pasos me acerqué a la desconocida, que me cogió de la mano sin decir palabra. Juntos recorrimos la costa solitaria hasta que llegamos al lugar de las rocas. El mar dormitaba. Allí canté y dancé; allí pronuncié blasfemias en un idioma que he olvidado. Mi amiga reía primero; después empezó a llorar. Al fin huyó. La naturaleza no fue insensible a mi desafío; mientras el mar me amenazaba con el puño, el sol descendió en línea recta contra mí. Cuando el astro hubo posado sus garras sobre mi cabeza erizada, comencé a incendiarme. Después se restableció el orden. El sol regresó a su puesto y el mundo se quedó inmensamente solo. Mi amiga buscaba mis cenizas entre las rocas, allí donde los pájaros salvajes dejan sus huevecillos.

Desde ese día empecé a perseguirla. (Ahora comprendo que en realidad te buscaba a ti.) Años más tarde, en otro país, marchando de prisa contra un crepúsculo que consumía los altos muros rojos de un templo, volví a verla. La detuve, pero ella no me recordaba. Por una estratagema que no hace al caso logré convertirme en su sombra. Desde entonces no la abandono. Durante años y meses, durante atroces minutos, he luchado por despertar en ella el recuerdo de nuestro primer encuentro. En vano le he explicado cómo te desprendiste de mí para habitarla, nuestro paseo junto al mar y mi fatal imprudencia. Soy para ella ese olvido que tú fuiste para mí.

He gastado mi vida en olvidarte y recordarte, en huirte y perseguirte. No estoy menos solo que, cuando niño, te descubrí en el charco de aquel jardín recién llovido, menos solo que cuando, adolescente, te contemplé entre dos nubes rotas, una tarde en ruinas. Pero no caigo ya en mi propio sinfín, sino en otro cuerpo, en unos ojos que se dilatan y contraen y me devoran y me ignoran, una abertura negra que palpita, coral vivo y ávido como una herida fresca. Cuerpo en el que pierdo cuerpo, cuerpo sin fin. Si alguna vez acabo de caer, allá, del otro lado del caer, quizá me asome a la vida. A la verdadera vida, a la que no es noche ni día, ni tiempo ni destiempo, ni quietud ni movimiento, a la vida hirviente de vida, a la vivacidad pura. Pero acaso todo esto no sea sino una vieja manera de llamar a la muerte. La muerte que nació conmigo y que me ha dejado para habitar otro cuerpo.

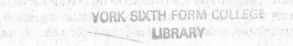

MARAVILLAS DE LA VOLUNTAD

A las tres en punto don Pedro llegaba a nuestra mesa, saludaba a cada uno de los concurrentes, pronunciaba para sí unas frases indescifrables y silenciosamente tomaba asiento. Pedía una taza de café, encendía un cigarrillo, escuchaba la plática, bebía a sorbos su tacita, pagaba a la mesera, tomaba su sombrero, recogía su portafolio, nos daba las buenas tardes y se marchaba. Y así todos los días.

¿Qué decía Pedro al sentarse y al levantarse, con cara seria y ojos duros? Decía:

—Ojalá te mueras.

Don Pedro repetía muchas veces al día esa frase. Al levantarse, al terminar su tocado matinal, al entrar o salir de casa —a las ocho, a la una, a las dos y media, a las siete y cuarto—, en el café, en la oficina, antes y después de cada comida, al acostarse cada noche. La repetía entre dientes o en voz alta; a solas o en compañía. A veces sólo con los ojos. Siempre con toda el alma.

Nadie sabía contra quién dirigía aquellas palabras. Todos ignoraban el origen de aquel odio. Cuando se quería ahondar en el asunto, don Pedro movía la cabeza con desdén y callaba, modesto. Quizá era un odio sin causa, un odio puro. Pero aquel sentimiento lo alimentaba, daba seriedad a su vida, majestad a sus años. Vestido de negro, parecía llevar luto de antemano por su condenado.

Una tarde don Pedro llegó más grave que de costumbre. Se sentó con lentitud y en el centro mismo del silencio que se hizo ante su presencia, dejó caer con simplicidad estas palabras:

—Ya lo maté.

¿A quién y cómo? Algunos sonrieron queriendo tomar la cosa a broma. La mirada de don Pedro los detuvo. Todos nos sentimos incómodos. Era cierto, allí se sentía el hueco de la muerte. Lentamente se dispersó el grupo. Don Pedro se quedó solo, más serio que nunca, un poco lacio, como un astro quemado ya, pero tranquilo, sin remordimientos.

No volvió al día siguiente. Nunca volvió. ¿Murió? Acaso le faltó ese odio vivificador. Tal vez vive aún y ahora odia a otro. Reviso mis acciones. Y te aconsejo que hagas lo mismo con las tuyas, no vaya a ser que hayas incurrido en la cólera paciente, obstinada, de esos pequeños ojos miopes. ¿Has pensado alguna vez cuántos —acaso muy cercanos a ti— te miran con los mismos ojos de don Pedro?

VISIÓN DEL ESCRIBIENTE

Y llenar todas estas hojas en blanco que me faltan con la misma, monótona pregunta: ¿a qué horas se acaban las horas? Y las antesalas, los memoriales, las intrigas, las gestiones ante el Portero, el Oficial en Turno, el Secretario, el Adjunto, el Sustituto. Vislumbrar de lejos al Influyente y enviar cada año mi tarjeta para recordar —¿a quién?— que en algún rincón, decidido, firme, insistente, aunque no muy seguro de mi existencia, yo también aguardo la llegada de mi hora, yo también existo. No abandono mi puesto.

Sí, ya sé, podría sentarme en una idea, en una costumbre, en una obstinación. O tenderme sobre las ascuas de un dolor o una esperanza cualquiera y allí aguardar, sin hacer mucho ruido. Cierto, no me va mal: como, bebo, duermo, fornico, guardo las fiestas de guardar y en el verano voy a la playa. Las gentes me quieren y yo las quiero. Llevo con ligereza mi condición: las enfermedades, el insomnio, las pesadillas, los ratos de expansión, la idea de la muerte, el gusanito que escarba el corazón o el hígado (el gusanito que deposita sus huevecillos en el cerebro y perfora en la noche el sueño más espeso), el mañana a expensas del hoy —el hoy que nunca llega a tiempo, que pierde siempre sus apuestas. No: renuncio a la tarjeta de racionamiento, a la cédula de identidad, al certificado de supervivencia, a la ficha de filiación, al pasaporte, al número clave, a la contraseña, a la credencial, al salvoconducto, a la insignia, al tatuaje y al herraje.

Frente a mí se extiende el mundo, el vasto mundo de los grandes, pequeños y medianos. Universo de reyes y presidentes y carceleros, de mandarines y parias y libertadores y libertos, de jueces y testigos y condenados: estrellas de primera, segunda, tercera y n magnitudes, planetas, cometas, cuerpos errantes y excéntricos o rutinarios y domesticados por las leyes de la gravedad, las sutiles leyes de la caída, todos llevando el compás, todos girando, despacio o velozmente, alrededor de una ausencia. En donde dijeron que estaba el sol central, el ser solar, el haz caliente hecho de todas las miradas humanas, no hay sino un hoyo y menos que un hoyo: el ojo de pez muerto, la oquedad vertiginosa del ojo que cae en sí mismo y se mira sin mirarse. Y no hay nada con que rellenar el hueco centro del torbellino. Se rompieron los resortes, los fundamentos se desplomaron, los lazos visibles o invisibles que unían una estrella a otra, un cuerpo a otro, un hombre a otro, no son sino un enredijo de alambres y pinchos, una maraña de garras y dientes que nos retuercen y mastican y escupen y nos vuelven a masticar. Nadie se ahorca con la cuerda de una ley física. Las ecuaciones caen incansablemente en sí mismas.

Y en cuanto al quehacer de ahora y al qué hacer con el ahora: no pertenezco a los señores. No me lavo las manos, pero no soy juez, ni testigo de cargo, ni ejecutor. Ni torturo, ni interrogo, ni sufro el interrogatorio. No pido a voces mi condena, ni quiero salvarme, ni salvar a nadie. Y por todo lo que no hago, y por todo lo que nos hacen, ni pido perdón ni perdono. Su piedad es tan abyecta como su justicia. ¿Soy inocente? Soy culpable. ¿Soy culpable? Soy inocente. (Soy inocente cuando soy culpable, culpable cuando soy inocente. Soy culpable cuando... pero eso es otra canción. ¿Otra canción? Todo es la misma canción.) Culpable inocente, inocente culpable, la verdad es que abandono mi puesto.

Recuerdo mis amores, mis pláticas, mis amistades. Lo recuerdo todo, lo veo todo, veo a todos. Con melancolía, pero sin nostalgia. Y sobre todo, sin esperanza. Ya sé que es inmortal y que, si somos algo, somos esperanza de algo. A mí ya me gastó la espera. Abandono el no obstante, el aún, el a pesar de todo, las moratorias, las disculpas y los exculpantes. Conozco el mecanismo de las trampas de la moral y el poder adormecedor de ciertas palabras. He perdido la fe en todas estas construcciones de piedra, ideas, cifras. Cedo mi puesto. Yo ya no defiendo esa torre cuarteada. Y, en silencio, espero el acontecimiento.

Soplará un vientecillo apenas helado. Los periódicos hablarán de una onda fría. Las gentes se alzarán de hombros y continuarán la vida de siempre. Los primeros muertos apenas hincharán un poco más la cifra cotidiana y nadie en los servicios de estadísticas advertirá ese cero de más. Pero al cabo del tiempo todos empezarán a mirarse y preguntarse: ¿qué pasa? Porque durante meses van a temblar puertas y ventanas, van a crujir muebles y árboles. Durante años habrá tembladera de huesos y entrechocar de dientes, escalofrío y carne de gallina. Durante años aullarán las chimeneas, los profetas y los jefes. La niebla que cabecea en los estanques podridos vendrá a pasearse a la ciudad. Y al mediodía, bajo el sol equívoco, el vientecillo arrastrará el olor de la sangre seca de un matadero abandonado ya hasta por las moscas.

Inútil salir o quedarse en casa. Inútil levantar murallas contra el impalpable. Una boca apagará todos los fuegos, una duda arrancará de cuajo todas las decisiones. Eso va a estar en todas partes, sin estar en ninguna. Empañará todos los espejos. Atravesando paredes y convicciones, vestiduras y almas bien templadas, se instalará en la médula de cada uno. Entre cuerpo y cuerpo, silbante; entre alma y alma, agazapado. Y todas las heridas se abrirán, porque con manos expertas y delicadas, aunque un poco frías, irritará llagas y pústulas, reventará granos e hinchazones, escarbará en las viejas heridas mal cicatrizadas. ¡Oh fuente de la sangre, inagotable siempre! La vida será un cuchillo, una hoja gris y ágil y tajante y exacta y arbitraria que cae y rasga y separa. ¡Hendir, desgarrar, descuartizar, verbos que vienen ya a grandes pasos contra nosotros!

No es la espada lo que brilla en la confusión de lo que viene. No es el sable, sino el miedo y el látigo. Hablo de lo que ya está entre nosotros. En todas partes hay temblor y cuchicheo, susurro y medias palabras. En todas partes sopla el vientecillo, la leve brisa que provoca la inmensa Fusta cada vez que se desenrolla en el aire. Y muchos ya llevan en la carne la insignia morada. El vientecillo se levanta de las praderas del pasado y se acerca trotando a nuestro tiempo.

UN APRENDIZAJE DIFÍCIL

Vivía entre impulsos y arrepentimientos, entre avanzar y retroceder. ¡Qué combates! Deseos y terrores tiraban hacia adelante y hacia atrás, hacia la izquierda y hacia la derecha, hacia arriba y hacia abajo. Tiraban con tanta fuerza que me inmovilizaron. Durante años tasqué el freno, como río impetuoso atado a la peña del manantial. Echaba espuma, pataleaba, me encabritaba, hinchaban mi cuello venas y arterias. En vano, las riendas no aflojaban. Extenuado, me arrojaba al suelo; látigos y acicates me hacían saltar: ¡arre, adelante!

Lo más extraño era que estaba atado a mí mismo, y por mí mismo. No me podía desprender de mí, pero tampoco podía estar en mí. Si la espuela me azuzaba, el freno me retenía. Mi vientre era un pedazo de carne roja, picada y molida por la impaciencia; mi hocico, un rictus petrificado. Y en esa inmovilidad hirviente de movimientos y retrocesos, yo era la cuerda y la roca, el látigo y la rienda.

Recluido en mí, incapaz de hacer un gesto sin recibir un golpe, incapaz de no hacerlo sin recibir otro, me extendía a lo largo de mi ser, entre el miedo y la fiebre. Así viví años. Mis pelos crecieron tanto que pronto quedé sepultado en su maleza intrincada. Allí acamparon pueblos enteros de pequeños bichos, belicosos, voraces e innumerables. Cuando no se exterminaban entre sí, me comían. Yo era su campo de batalla y motín. Se establecían en mis orejas, sitiaban mis axilas, se replegaban en mis ingles, asolaban mis párpados, ennegrecían mi frente. Me cubrían con un manto pardusco, viviente y siempre en ebullición. Las uñas de mis pies también crecieron y nadie sabe hasta dónde habrían llegado de no presentarse las ratas. De vez en cuando me llevaba a la boca —aunque apenas podía abrirla, tantos eran los insectos que la sitiaban— un trozo de carne sin condimentar, arrancada al azar de cualquier ser viviente que se aventuraba por ahí.

Semejante régimen hubiera acabado con una naturaleza atlética —que no poseo, desgraciadamente. Pero al cabo de algún tiempo me descubrieron los vecinos, guiados acaso por mi hedor. Sin atreverse a tocarme, llamaron a mis parientes y amigos. Hubo consejo de familia. No me desataron. Decidieron, en cambio, confiarme a un pedagogo. Él me enseñaría el arte de ser dueño de mí, el arte de ser libre de mí.

Fui sometido a un aprendizaje intenso. Durante horas y horas el profesor me impartía sus lecciones, con voz grave, sonora. A intervalos regulares el látigo trazaba zetas invisibles en el aire, largas eses esbeltas en mi piel. Con la lengua de fuera, los ojos extraviados y los músculos temblorosos, trotaba sin cesar dando vueltas y vueltas, saltando aros de fuego, trepando y bajando cubos de madera. Mi profesor empuñaba con elegancia la fusta. Era incansable y nunca estaba satisfecho. A otros podrá parecer excesiva la severidad de su método; yo agradecía aquel desvelo encarnizado y me esforzaba en probarlo. Mi reconocimiento se manifestaba en formas al mismo tiempo reservadas y sutiles, púdicas y devotas. Ensangrentado, pero con lágrimas de gratitud en los ojos, trotaba día y noche al compás del látigo. A veces la fatiga, más fuerte que el dolor, me derribaba. Entonces, haciendo chasquear la fusta en el aire polvoriento, él se acercaba y me decía con aire cariñoso: «Adelante», y me picaba las costillas con su pequeña daga. La herida y sus palabras de ánimo me hacían saltar. Con redoblado entusiasmo continuaba mi lección. Me sentía orgulloso de mi maestro y —¿por qué no decirlo?— también de mi dedicación.

La sorpresa y aun la contradicción formaban parte del sistema de enseñanza. Un día, sin previo aviso, me sacaron. De golpe me encontré en sociedad. Al principio, deslumbrado por las luces y la concurrencia, sentí un miedo irracional. Afortunadamente mi maestro estaba allí cerca, para infundirme confianza e inspirarme alientos. Al oír su voz, apenas más vibrante que de costumbre, y escuchar el conocido y alegre sonido de la fusta, recobré la calma y se aquietaron mis temores. Dueño de mí, empecé a repetir lo que tan penosamente me habían enseñado. Tímidamente al principio, pero a cada instante con mayor aplomo, salté, dancé, me incliné, sonreí, volví a saltar. Todos me felicitaron. Saludé, conmovido. Envalentonado, me atreví a decir tres o cuatro frases de circunstancia, que había preparado cuidadosamente y que pronuncié con aire distraído como si se tratara de una improvisación. Obtuve el éxito más lisonjero y algunas señoras me miraron con simpatía. Se redoblaron los cumplimientos. Volví a dar las gracias. Embriagado, corrí hacia adelante con los brazos abiertos y saltando. Tanta era mi emoción que quise abrazar a mis semejantes. Los más cercanos retrocedieron. Comprendí que debía detenerme, pues obscuramente me daba cuenta de que había cometido una grave descortesía. Era demasiado tarde. Y cuando estaba cerca de una encantadora niñita, mi avergonzado maestro me llamó al orden, blandiendo una barra de hierro con la punta encendida al rojo blanco. La quemadura me hizo aullar. Me volví con ira. Mi maestro sacó su revólver y disparó al aire. (Debo reconocer que su frialdad y dominio de sí mismo eran admirables: la sonrisa no le abandonaba jamás.) En medio del tumulto se hizo la luz en mí. Comprendí mi error. Conteniendo mi dolor, confuso y sobresaltado, masculé excusas. Hice una reverencia y desaparecí. Mis piernas flaqueaban y mi cabeza ardía. Un murmullo me acompañó hasta la puerta.

No vale la pena recordar lo que siguió, ni cómo una carrera que parecía brillante se apagó de pronto. Mi destino es obscuro, mi vida difícil, pero mis acciones poseen cierto equilibrio moral. Durante años he recordado los incidentes de la noche funesta: mi deslumbramiento, las sonrisas de mi maestro, mis primeros éxitos, mi estúpida borrachera de vanidad y el oprobio último. No se apartan de mí los tiempos febriles y esperanzados de aprendizaje, las noches en vela, el polvillo asfixiante, las carreras y saltos, el sonido del látigo, la voz de mi maestro. Esos recuerdos son lo único que tengo y lo único que alimenta mi tedio. Es cierto que no he triunfado en la vida y que no salgo de mi escondite sino enmascarado e impelido por la dura necesidad. Mas cuando me quedo a solas conmigo y la envidia y el despecho me presentan sus caras horribles, el recuerdo de esas horas me apacigua y me calma. Los beneficios de la educación se prolongan durante toda la vida y, a veces, aún más allá de su término terrestre.

PRISA

A pesar de mi torpor, de mis ojos hinchados, de mi panza, de mi aire de recién salido de la cueva, no me detengo nunca. Tengo prisa. Siempre he tenido prisa. Día y noche zumba en mi cráneo la abeja. Salto de la mañana a la noche, del sueño al despertar, del tumulto a la soledad, del alba al crepúsculo. Inútil que cada una de las cuatro estaciones me presente su mesa opulenta; inútil el rasgueo de madrugada del canario, el lecho hermoso como un río en verano, esa adolescente y su lágrima, cortada al declinar el otoño. En balde el mediodía y su tallo de cristal, las hojas verdes que lo filtran, las piedras que niega, las sombras que esculpe. Todas estas plenitudes me apuran de un trago. Voy y vuelo, me revuelvo y me revuelco, salgo y entro, me asomo, oigo música, me rasco, medito, me digo, maldigo, cambio de traje, digo adiós al que fui, me demoro en el que seré. Nada me detiene. Tengo prisa, me voy. ¿Adónde? No sé, nada sé —excepto que no estoy en mi sitio.

Desde que abrí los ojos me di cuenta que mi sitio no estaba aquí, donde estoy, sino en donde no estoy ni he estado nunca. En alguna parte hay un lugar vacío y ese vacío se llenará de mí y yo me asentaré en ese hueco que insensiblemente rebosará de mí, pleno de mí hasta volverse fuente o surtidor. Y mi vacío, el vacío de mí que soy ahora, se llenará de sí, pleno de ser hasta los bordes.

Tengo prisa por estar. Corro tras de mí, tras de mi sitio, tras de mi hueco. ¿Quién me ha reservado ese sitio? ¿Cómo se llama mi fatalidad? ¿Quién es y qué es lo que se mueve y quién y qué es lo que aguarda mi advenimiento para cumplirse y para cumplirme? No sé, tengo prisa. Aunque no me mueva de mi silla, ni me levante de la cama. Aunque dé vueltas y vueltas en mi jaula. Clavado por un nombre, un gesto, un tic, me muevo y remuevo. Esta casa, estos amigos, estos países, estas manos, esta boca, estas letras que forman esta imagen que se ha desprendido sin previo aviso de no sé dónde y me ha dado en el pecho, no son mi sitio. Ni esto ni aquello es mi sitio.

Todo lo que me sostiene y sostengo sosteniéndome es alambrada, muro. Y todo lo salta mi prisa. Este cuerpo me ofrece su cuerpo, este mar se saca del vientre siete olas, siete desnudeces, siete sonrisas, siete cabrillas blancas. Doy las gracias y me largo. Sí, el paseo ha sido muy divertido, la conversación instructiva, aún es temprano, la función no acaba y de ninguna manera tengo la pretensión de conocer el desenlace. Lo siento: tengo prisa. Tengo ganas de estar libre de mi prisa, tengo prisa por acostarme y levantarme sin decirme: adiós, tengo prisa.

ENCUENTRO

Al llegar a mi casa, y precisamente en el momento de abrir la puerta, me vi salir. Intrigado, decidí seguirme. El desconocido —escribo con reflexión esta palabra— descendió las escaleras del edificio, cruzó la puerta y salió a la calle. Quise alcanzarlo, pero él apresuraba su marcha exactamente con el mismo ritmo con que yo aceleraba la mía, de modo que la distancia que nos separaba permanecía inalterable. Al rato de andar se detuvo ante un pequeño bar y atravesó su puerta roja. Unos segundos después yo estaba en la barra del mostrador, a su lado. Pedí una bebida cualquiera mientras examinaba de reojo las hileras de botellas en el aparador, el espejo, la alfombra raída, las mesitas amarillas, una pareja que conversaba en voz baja. De pronto me volví y lo miré larga, fijamente. Él enrojeció, turbado. Mientras lo veía, pensaba (con la certeza de que él oía mis pensamientos): «No, no tiene derecho. Ha llegado un poco tarde. Yo estaba antes que usted. Y no hay la excusa del parecido, pues no se trata de semejanza, sino de substitución. Pero prefiero que usted mismo se explique...»

Él sonreía débilmente. Parecía no comprender.

Se puso a conversar con su vecino. Dominé mi cólera y, tocando levemente su hombro, lo interpelé:

—No pretenda ningunearme. No se haga el tonto.

—Le ruego que me perdone, señor, pero no creo conocerlo.

Quise aprovechar su desconcierto y arrancarle de una vez la máscara:

—Sea hombre, amigo. Sea responsable de sus actos. Le voy a enseñar a no meterse donde nadie lo llama...

Con un gesto brusco me interrumpió:

—Usted se equivoca. No sé qué quiere decirme.

Terció un parroquiano:

—Ha de ser un error. Y además, ésas no son maneras de tratar a la gente. Conozco al señor y es incapaz...

Él sonreía, satisfecho. Se atrevió a darme una palmada:

—Es curioso, pero me parece haberlo visto antes. Y sin embargo no podría decir dónde.

Empezó a preguntarme por mi infancia, por mi estado natal y otros detalles de mi vida. No, nada de lo que le contaba parecía recordarle quién era yo. Tuve que sonreír. Todos lo encontraban simpático. Tomamos algunas copas. Él me miraba con benevolencia.

—Usted es forastero, señor, no lo niegue. Pero yo voy a tomarlo bajo mi protección. ¡Ya le enseñaré lo que es México, Distrito Federal!

Su calma me exasperaba. Casi con lágrimas en los ojos, sacudiéndolo por la solapa, le grité:

—¿De veras no me conoces? ¿No sabes quién soy?

Me empujó con violencia:

—No me venga con cuentos estúpidos. Deje de fregarnos y buscar camorra.

Todos me miraban con disgusto. Me levanté y les dije:

—Voy a explicarles la situación. Este señor los engaña, este señor es un impostor...

—Y usted es un imbécil y un desequilibrado —gritó.

Me lancé contra él. Desgraciadamente, resbalé. Mientras procuraba apoyarme en el mostrador, él me destrozó la cara a puñetazos. Me pegaba con saña reconcentrada, sin hablar. Intervino el barman:

—Ya déjalo, está borracho.

Nos separaron. Me cogieron en vilo y me arrojaron al arroyo:

—Si se le ocurre volver, llamaremos a la policía.

Tenía el traje roto, la boca hinchada, la lengua seca. Escupí con trabajo. El cuerpo me dolía. Durante un rato me quedé inmóvil, acechando. Busqué una piedra, algún arma. No encontré nada. Adentro reían y cantaban. Salió la pareja; la mujer me vio con descaro y se echó a reír. Me sentí solo, expulsado del mundo de los hombres. A la rabia

43

sucedió la vergüenza. No, lo mejor era volver a casa y esperar otra ocasión. Eché a andar lentamente. En el camino, tuve esta duda que todavía me desvela: ¿y si no fuera él, sino yo...?

CABEZA DE ÁNGEL

Apenas entramos me sentí asfixiada por el calor y estaba como entre los muertos y creo que si me quedara sola en una sala de ésas me daría miedo pues me figuraría que todos los cuadros se me quedaban mirando y me daría una vergüenza muy grande y es como si fueras a un camposanto en donde todos los muertos estuvieran vivos o como si estuvieras muerta sin dejar de estar viva y lástima que no sepa contarte los cuadros ni tanta cosa de hace muchísimos siglos que es una maravilla que están como acabados de hacer ¿por qué las cosas se conservan más que las personas? imagínate ya ni sombra de los que los pintaron y los cuadros están como si nada hubiera pasado y había algunos muy lindos de martirios y degüellos de santas y niños pero estaban tan bien pintados que no me daban tristeza sino admiración los colores tan brillantes como si fueran de verdad el rojo de las flores el cielo tan azul y las nubes y los arroyos y los árboles y los colores de los trajes de todos colores y había un cuadro que me impresionó tanto que sin darme cuenta como cuando te ves en un espejo o como cuando te asomas a una fuente y te ves entre las hojas y las ramas que se reflejan en el agua entré al paisaje con aquellos señores vestidos de rojo verde amarillo y azul y que llevaban espadas y hachas y lanzas y banderas y me puse a hablar con un ermitaño barbudo que rezaba junto a su cueva y era muy divertido jugar con los animalitos que venían a hacerle compañía venados pájaros y cuervos y leones y tigres mansos y de pronto cuando iba por el prado los moros me cogían y me llevaban a una plaza en donde había edificios muy altos y puntiagudos como pinos y empezaban a martirizarme y yo empezaba a echar sangre como surtidor pero no me dolía mucho y no tenía miedo porque Dios arriba me estaba viendo y los ángeles recogían en vasos mi sangre y mientras los moros me martirizaban yo me divertía viendo a unas señoras muy elegantes que contemplaban mi martirio desde sus balcones y se reían y platicaban entre sí de sus cosas sin que les importara mucho lo que a mí me pasaba y todo el mundo tenía un aire indiferente y allá lejos había un paisaje con un labrador que araba muy tranquilo su campo con dos bueyes y un perro que saltaba junto a él y en el cielo había una multitud de pájaros volando y unos cazadores vestidos de verde y de rojo y un pájaro caía traspasado por una flecha y se veían caer las plumas blancas y las gotas rojas y nadie lo compadecía y yo me ponía a llorar por el pajarito y entonces los moros me cortaban la cabeza con un alfanje muy blanco y salía de mi cuello un chorro de sangre que regaba el suelo como una cascada roja y del suelo nacían multitud de florecitas rojas y era un milagro y luego todos se iban y yo me quedaba sola en aquel campo echando sangre durante días y días y regando las flores y era otro milagro que no acabara la sangre de brotar hasta que llegaba un ángel y me ponía la cabeza otra vez pero imagínate que con la prisa me la ponía al revés y yo no podía andar sino con trabajo y para atrás lo que me cansaba mucho y como andaba para atrás pues empecé a retroceder y me fui saliendo de aquel paisaje y volví a México y me metí en el corral de mi casa en donde había mucho sol y polvo y todo el patio cubierto por unas grandes sábanas recién lavadas y puestas a secar y las criadas llegaban y levantaban las sábanas y eran como grandes trozos de nubes y el prado aparecía todo verde y cubierto de florecitas rojas que mi mamá decía que eran del color de la sangre de una Santa y yo me echaba a reír y le contaba que la Santa era yo y cómo me habían martirizado los moros y ella se enojaba y decía ay Dios mío ya mi hija perdió la cabeza y a mí me daba mucha tristeza oír aquellas palabras y me iba al rincón obscuro del castigo y me mordía los labios con rabia porque nadie me creía y cuando estaba pegada a la pared deseando que mi mamá y las criadas se murieran la pared se abrió y yo estaba al pie de un pirú que estaba junto a un río seco y había unas piedras grandes que brillaban al sol y una lagartija me veía con su cabecita alargada y corría de pronto a esconderse y en la tierra veía otra vez mi cuerpo sin cabeza y mi tronco ya estaba cicatrizado y sólo le escurría un hilo de sangre que formaba un charquito en el polvo y a mí me daba lástima y espantaba las moscas del charquito y echaba unos puñados de tierra para ocultarla y que los perros no pudieran lamerla y entonces me puse a buscar mi cabeza y no aparecía y no podía ni siquiera llorar y como no había nadie en aquel paraje me eché a andar por un llano inmenso y amarillo buscando mi cabeza hasta que llegué a un jacal de adobe y me encontré a un indito que allí vivía y le pedí un poco de agua por caridad y el viejito me dijo el agua no se niega a un cristiano y me dio agua en una jarra colorada que estaba muy fresca pero no podía beberla porque no tenía cabeza y el indito me dijo no se apure niña yo aquí tengo una de repuesto y empezó a sacar de unos huacales que tenía junto a la puerta su colección de cabezas pero ninguna me venía unas eran muy grandes otras muy chicas y había de viejos hombres y de mujeres pero ninguna me gustaba y después de probar muchas me enojé y empecé a darles de patadas a todas las cabezas y el indito me dijo no se amuine niña vamos al pueblo a cortar una cabeza que le acomode y yo me puse muy contenta y el indito sacó de su casa un hacha de monte de cortar leña y empezamos a caminar y luego de muchas vueltas llegamos al pueblo y en la plaza había una niña que estaban martirizando unos señores vestidos de negro como si fueran a un entierro y uno de ellos leía un discurso como en el Cinco de Mayo y había muchas banderas mexicanas y en el kiosco tocaban una marcha y era como una feria había montones de cacahuates y de jícamas y cañas de azúcar y cocos y sandías y toda la gente compraba y vendía menos un grupo que oía al señor del discurso mientras los soldados martirizaban a la niña y arriba por un agujero Dios lo veía todo y la niña estaba muy tranquila y entonces el indito se abrió paso y cuando todos estaban descuidados le cortó la cabeza a la niña y me la puso y me quedó muy bien y yo di un salto de alegría porque el indito era un ángel y todos me miraban y yo me fui saltando entre los aplausos de la gente y cuando me quedé sola en el jardín de mi casa me puse un poco triste pues me acordaba de la niña que le cortaron la cabeza. Ojalá que ella se la pueda cortar a otra niña para que pueda tener cabeza como yo.

La hija de Rappaccini
[1956]

A Leonora Carrington

Personajes, por orden de aparición en la escena:

EL MENSAJERO,
ISABEL (criada vieja),
JUAN (estudiante napolitano),
RAPPACCINI (médico famoso),
BEATRIZ (su hija) y
BAGLIONI (médico de la Facultad).

Pieza en un acto basada en un cuento
de Nathaniel Hawthorne.

PRÓLOGO

(El jardín del DOCTOR RAPPACCINI *y, en un extremo,
una parte de una vieja construcción en donde se en-
cuentra la habitación de* JUAN. *La escena estará
dispuesta de tal modo que los espectadores vean el
interior de la habitación: alta y estrecha, un gran
espejo cubierto de polvo, atmósfera desolada; un
balcón —provisto de un deteriorado cortinaje— se
abre sobre el jardín. En el centro se levanta un
árbol fantástico. Al alzarse el telón, la escena per-
manecerá a obscuras, excepto en el espacio que ocu-
pe el* MENSAJERO, *personaje hermafrodita vestido
como las figuras del Tarot, pero sin copiar a ninguna en particular.)*

EL MENSAJERO.—Mi nombre no importa. Ni mi
origen. En realidad no tengo nombre, ni sexo, ni
edad, ni tierra. Hombre o mujer; niño o viejo;
ayer o mañana; norte o sur; los dos géneros, los
tres tiempos, las cuatro edades y los cuatro pun-
tos cardinales convergen en mí y en mí se disuel-

ven. Mi alma es transparente: si os asomáis a ella, os hundiréis en una claridad fría y vertiginosa; y en su fondo no encontraréis nada que sea mío. Nada, excepto la imagen de vuestro deseo, que hasta entonces ignorabais. Soy el lugar del encuentro, en mí desembocan todos los caminos. ¡Espacio, puro espacio, nulo y vacío! Estoy aquí, pero también estoy allá; todo es aquí, todo es allá. Estoy en cualquier punto eléctrico del espacio y en cualquier fragmento imantado del tiempo: ayer es hoy; mañana, hoy; todo lo que fue, todo lo que será, está siendo ahora mismo, aquí en la tierra o allá, en la estrella. El encuentro: dos miradas que se cruzan hasta no ser sino un punto incandescente, dos voluntades que se enlazan y forman un nudo de llamas.

Uniones y separaciones: almas que se juntan y son una constelación que canta por una fracción de segundo en el centro del tiempo, mundos que se dispersan como los granos de la granada que se desgrana en la hierba. *(Saca una carta del Tarot.)* Y he aquí al centro de la danza, a la estrella fija: la Reina nocturna, la dama infernal, la señora que rige el crecimiento de las plantas, el ritmo de la marea y los movimientos del cielo; la cazadora lunar, la pastora de los muertos en los valles subterráneos; la madre de las cosechas y los manantiales, que duerme la mitad del año y luego despierta ataviada de pulseras de agua, alternativamente dorada y obscura, en la mano derecha la espiga solar de la resurrección. *(Saca dos cartas.)* Y he aquí a sus enemigos: el Rey de este mundo, sentado en su trono de estiércol y dinero, el libro de las leyes y el código de la moral sobre las rodillas temblorosas, el látigo al alcance de la mano —el Rey justiciero y virtuoso, que da al César lo que es del César y niega al Espíritu lo que es del Espíritu; y frente a él, el Ermitaño: adorador del triángulo y la esfera, docto en la escritura caldea e ignorante del lenguaje de la sangre, perdido en su laberinto de silogismos, prisionero de sí mismo. *(Saca otra carta.)* Y he aquí al Juglar, al adolescente; dormía, la cabeza reclinada sobre su propia infancia, pero ha oído el canto nocturno de la Dama y ha despertado; guiado por ese canto, marcha sobre el abismo con los ojos cerrados, balanceándose sobre la cuerda floja; marcha con seguridad y sus pasos lo conducen hacia mí que no existo, en busca de su sueño; si desfallece, se despeñará. Y aquí está la última carta: los Amantes. Son dos figuras, una del color del día, otra color de noche. Son dos caminos. El amor es elección: ¿la muerte o la vida? *(El* Mensajero *se retira.)*

ESCENA PRIMERA

(El jardín sigue a obscuras. La habitación está iluminada por una luz dudosa; la cortina del balcón, corrida.)

ISABEL *(entra y muestra la habitación.*—Al fin hemos llegado, mi joven señor. *(Ante el silencio desanimado del joven.)* Hace años que nadie vive aquí y por eso le impresiona este aire de abandono. Pero usted le dará vida. Los muros son grandes...

JUAN.—Acaso demasiado. Altos y espesos...

ISABEL.—Así no entra el ruido de la calle. Nada mejor para un joven estudiante.

JUAN.—Espesos y húmedos. Será difícil acostumbrarme a la humedad y el silencio, aunque haya quien diga que el pensamiento se nutre de soledad.

ISABEL.—Le aseguro que pronto se sentirá como en su casa.

JUAN.—En Nápoles mi cuarto era grande y mi lecho era alto y espacioso como un navío. Cada noche, al cerrar los ojos, navegaba por mares sin nombre, entre tierras indecisas, continentes de sombra y bruma. A veces, me aterraba la idea de no volver y me veía perdido para siempre, solo en medio de un océano negro; pero mi lecho se deslizaba con seguridad silenciosa sobre el lomo de la noche, y cada mañana me depositaba en la misma orilla feliz. Dormía con la ventana abierta; en la madrugada, el sol y la brisa del mar entraban en mi cuarto.

ISABEL.—En Padua no hay mar, pero tenemos jardines. Los más hermosos de Italia.

JUAN *(para sí)*.—El mar y el sol sobre el mar. Este cuarto es demasiado obscuro.

ISABEL.—Porque están echadas las cortinas. Cuando las corra, la luz lo cegará. *(Corre las cortinas; ante los espectadores aparece el jardín, iluminado.)*

JUAN *(deslumbrado)*.—¡Así es distinto! ¡Qué luz dorada! *(Acercándose al balcón.)* Y hay un jardín: ¿pertenece a la casa?

ISABEL.—Antiguamente formaba parte del palacio. Hoy es del doctor Rappaccini, el famoso médico.

JUAN *(se asoma al balcón)*.—*Eso* no es un jardín. Al menos, no es un jardín napolitano. Es una pesadilla.

ISABEL.—Eso dicen muchos en Padua, señor. Pero no se alarme; el doctor Rappaccini no cultiva flores vulgares; todo lo que usted ve son plantas y hierbas medicinales.

JUAN.—Y sin embargo, el aire es delicioso. Frío y tibio a un tiempo, sutil y ligero; no pesa y casi no tiene perfume. Hay que confesar que ese Rappaccini, si ignora el arte de agradar a los ojos, conoce bien el secreto de los aromas. ¿Y qué clase de hombre es?

ISABEL.—Ya lo dije: un sabio, un gran sabio. Dicen que no hay otro médico como él. Y dicen otras cosas...

JUAN.—¿Qué cosas?

ISABEL.—El señor juzgará por sí mismo. Hoy o mañana lo verá, desde este balcón; todos los días sale a cuidar sus plantas; a veces lo acompaña su hija.

JUAN.—No, decididamente no me agrada. *(Corre la cortina.)* Y la hija de Rappaccini, ¿se parece a su padre?

ISABEL.—Beatriz es una de las criaturas más bellas que han visto estos viejos ojos. Muchos la pretenden, pero de lejos, porque su padre no los deja acercarse. Y ella es tímida: apenas ve a un extraño, echa a correr. ¿No se le ofrece nada más, señor? Me daría mucho gusto servirlo en lo que pueda. Es tan joven y guapo. Y se siente tan solo...

JUAN.—No, gracias, señora Isabel. La soledad no hace daño. *(Sale* ISABEL.*)*

ESCENA II

JUAN.—Procuraré acostumbrarme a esta cueva. Con tal de que no me convierta en murciélago. *(Se acerca al espejo, sopla sobre su polvosa superficie; hace gestos imitando el vuelo del murciéla-*

go; se ríe; se queda serio. En ese momento entra* ISABEL, *que lo sorprende.)*

ISABEL.—Perdone el señor la interrupción. Me dio tanta pena dejarlo solo, que se me ocurrió traer este ramo de rosas. Quizá lo alegren. Las corté yo misma, hoy en la mañana.

JUAN *(recibe las flores).*—Gracias, señora Isabel, muchas gracias. *(*ISABEL *se retira.)*

JUAN.—¡Qué gesto tan delicado! Son hermosas, pero no tengo a quién dárselas. *(Las arroja; luego sonríe, las recoge, se acerca al espejo, se mira complacido, hace una reverencia, ofrece las flores a una muchacha imaginaria y da una pirueta. Inmóvil, duda: después, da un salto, corre las cortinas y se asoma al balcón. Al ver a* RAPPACCINI, *se oculta a medias y acecha.)*

ESCENA III

RAPPACCINI *(examina las plantas. Se inclina sobre una flor).*—Basta mirarte para que enrojezcas como una muchachita tímida. ¡Qué sensibilidad! ¡Y qué coquetería! Te ruborizas, pero estás bien armada: si alguien te rozase, pronto vería su piel cubierta por una rica vegetación de manchas azules. *(Da un salto y ve otras plantas enlazadas.)* ¡Las amorosas, abrazadas como una pare-

ja de adúlteros! *(Las aparta y arranca una.)* Vas
a estar muy sola de ahora en adelante y tu furio-
so deseo producirá, en el que te huela, un delirio
sin tregua, semejante al de la sed: ¡delirio de los
espejos! *(Da un salto y ve otra planta.)* ¿Eres
vida o muerte? *(Se encoge de hombros.)* ¿Quién
lo sabe? ¿Y no es lo mismo? Cuando nacemos,
nuestro cuerpo empieza a morir; cuando mori-
mos, empieza a vivir... con una vida distinta.
¿Quién se atreve a decir que un cadáver es un
cuerpo muerto? Habría que preguntarles su opi-
nión a los gusanos: dirán que nunca han gozado
de mejor salud. Venenos y antídotos: una y la
misma cosa. Belladona, agua tofana, cicuta, be-
leño negro, heléboro. ¡Qué infinita riqueza de
formas y qué variedad de efectos! El lactáreo ve-
nenoso, el bálano impúdico, la niebla, el ceñiglo,
la hipócrita coralina, el pedo de lobo y el boleto
de Satanás... Y a su lado, separados por una pul-
gada apenas en la escala de las formas, el licopo-
dio y la pulmonaria, el musco oriental y el ver-
dín doméstico, terror de las cocineras. Y no obstante, el principio es el mismo: basta un pequeño
cambio, una leve alteración, y el veneno se trans-
forma en elixir de vida. Muerte y vida: ¡nombres, nombres! *(Da otro salto y se coloca frente
al árbol.)* ¡Beatriz, hija!

BEATRIZ *(aparece por la puerta y se adelanta.)*—
Aquí estoy, padre.

RAPPACCINI.—Mira cómo se ha puesto nuestro árbol. Cada vez más alto y garrido. Y se ha cubierto de frutos.

BEATRIZ *(frente al árbol).*—¡Qué hermoso, qué guapo! Cómo has crecido, hermano. *(Lo abraza y apoya la mejilla sobre el tronco.)* No hablas, pero respondes a tu manera: tu savia corre más aprisa. *(A su padre.)* Lo oigo latir, como si estuviera vivo.

RAPPACCINI.—Está vivo.

BEATRIZ.—Quise decir: vivo como tú y como yo. Vivo como un muchacho. *(Se acerca a una hoja y la aspira.)* ¡Deja que respire tu perfume y que te robe un poco de vida!

RAPPACCINI.—Hace un instante me decía: lo que para unos es vida, para otros es muerte. Sólo vemos la mitad de la esfera. Pero la esfera está hecha de muerte y vida. Si acertase con la medida y la proporción justas, infundiría porciones de vida en la muerte; entonces, se unirían las dos mitades: seríamos como dioses. Si mi experimento...

BEATRIZ.—¡No, no me hables de eso! Estoy contenta con mi suerte y soy feliz en este jardín, con estas plantas: ¡mi única familia! Y sin embargo a veces me gustaría tener una rosa y olerla; adornarme el pelo con jazmines; o deshojar una margarita, sin que sus pétalos se incendiasen entre mis manos.

RAPPACCINI.—Rosas, margaritas, violetas, claveles, ¡plantas que una helada marchita, flores que un vientecillo deshoja! Las nuestras son inmortales.

BEATRIZ.—¡Frágiles, y por eso adorables! Jardines donde zumban las moscas azules y las abejas amarillas; hierbas donde cantan los grillos y las cigarras... En nuestro jardín no hay pájaros, ni insectos, ni lagartijas que se asolean en las bardas, ni camaleones, ni palomos...

RAPPACCINI.—Basta, basta. No se puede tener todo. Y nuestras plantas son mejores. Sus formas imprevistas tienen la hermosura de las visiones de la fiebre; su crecimiento es tan seguro y fatal como el avance pausado de una enfermedad misteriosa. Flores y frutos resplandecientes como joyas. Pero las esmeraldas, los diamantes y los rubíes son materia inerte, piedras muertas. Nuestras joyas están vivas. El fuego corre por sus venas y cambia de color como la luz en las grutas submarinas. ¡Jardín de fuego, jardín donde la vida y la muerte se abrazan para cambiarse sus secretos!

BEATRIZ.—Sí, todo eso es verdad... pero me gustaría tener un gato y acariciarle el lomo, hasta que se convirtiese en una esfera de dulzura y electricidad. Me gustaría tener un camaleón y ponerlo sobre mi falda, para verlo cambiar de color. Un gato, un camaleón, un lorito verde y amarillo que saltase sobre mi hombro gritando: ¡Beatriz, Beatriz, en tu cama se pelean el alcanfor y el anís! Un pajarito, para esconderlo entre mis dos pechos. Me gustaría... *(lloriquea)*.

Rappaccini.—Hija, no llores. Soy demasiado sensible y no puedo ver sufrir a los demás. Me bebería tus lágrimas...

Beatriz *(con encono)*.—No podrías, sabes que no podrías. Te quemarían, como agua regia. *(Al árbol.)* Sólo tú, hermano mío, sólo tú puedes recibir mis lágrimas. *(Lo abraza.)* ¡Toma mi llanto, bebe bien mi vida y dame un poco de la tuya! *(Corta un fruto y lo come.)* Perdona que te coma; es como si me comiese un pedazo de mí misma. *(Se ríe.)*

Rappaccini *(para sí)*.—¡Vaya, ya pasó todo! *(Se encoge de hombros y vase.)*

Beatriz *(al árbol)*.—Estoy avergonzada, hermano. ¿Cómo puedo quejarme? Ninguna muchacha de la ciudad puede pasearse por un jardín como éste, ni aspirar estos perfumes ni comer los frutos que como. Cuando entro aquí, siento como si entrase en mí misma. El aire me envuelve como un vasto cuerpo impalpable, el vapor de las plantas es tibio como el vaho de una boca pura, la humedad me acaricia. Allá en la casa me ahogo, me martillean las sienes, sufro vértigos. Si pudieras caminar dormirías conmigo: tu aliento disolvería todas las pesadillas. Si pudieras caminar, nos pasearíamos por el jardín; si hablases, nos contaríamos cosas y nos reiríamos. *(Lo acaricia.)* Serías alto y guapo. Tendrías los dientes blancos. En tu pecho el vello sería un manojo de hierbas. Alto y serio. Y no habría peligro de que te gustase otra: no podrías. Y yo tampoco. No, no podría; no podré nunca. *(Para sí.)* Estoy condenada a pasearme en este jardín, sin nadie, hablando sola. *(Al árbol.)* Háblame, dime algo; siquiera: buenas tardes.

JUAN *(asomado al balcón).*—¡Buenas tardes!

BEATRIZ *(huye, ahogando un grito; después regresa y hace una reverencia).*—¡Buenas tardes!

JUAN *(arrojándole el ramo).*—¡Son rosas acabadas de cortar! Si las huele, le dirán mi nombre.

BEATRIZ.—Gracias, señor. Me llamo Beatriz.

JUAN.—Y yo me llamo Juan, vengo de Nápoles y esas rosas...

(BEATRIZ recoge las rosas, las esconde rápidamente en el pecho, echa a correr y desaparece, dejando a JUAN con la palabra en la boca. Obscurece gradualmente.)

ESCENA IV

EL MENSAJERO *(la escena en sombras; el cuarto de JUAN débilmente iluminado).*—Duerme, y mientras duerme batalla contra sí mismo. ¿Habrá notado que el ramo de rosas, como si hubiese sido tocado por el rayo, ennegreció apenas Beatriz lo tomó entre sus brazos? A la luz indecisa del crepúsculo, y con la cabeza mareada por los efluvios del jardín, no es fácil distinguir una rosa seca de una acabada de cortar. ¡Duerme, duerme! Sueña con el mar que el sol cubre de vetas rojas y moradas, sueña con la colina verde, corre por la playa... No, cada vez te alejas más de los paisajes familiares. Marchas por una ciudad labrada en cristal de roca. Tienes sed y la sed engendra delirios geométricos. Perdido en los corredores transparentes, recorres plazas circulares, explanadas donde obeliscos melancólicos custodian fuentes de mercurio, calles que desembocan en la misma calle. Las paredes de cristal se cierran y te aprisionan; tu imagen se repite mil veces en mil espejos que se repiten mil veces en otros mil espejos. Condenado a no salir de ti mismo, condenado a buscarte en las galerías transparentes, siempre a la vista, siempre inalcanzable: ese que está ahí, frente a ti, que te mira con ojos de súplica pidiéndote una señal, un signo de fraternidad y reconocimiento, no eres tú, sino tu imagen. Condenado a dormir con los ojos abiertos. ¡Ciérralos, retrocede, vuelve a lo obscuro, más allá de tu infancia, hacia atrás, hacia el origen! ¡Olas de tiempos contra tu alma! Rema contra ellas, rema hacia atrás, remonta la corriente, cierra los ojos, desciende hasta la semilla. Alguien ha cerrado tus párpados. La prisión transparente se derrumba, los muros de cristal yacen a tus pies, convertidos en un remanso de agua pacífica. Bebe sin miedo, duerme, navega, déjate conducir por el río de ojos cerrados. La mañana nace de tu costado. *(Durante esta escena, JUAN mima las palabras del MENSAJERO.)*

ESCENA V

ISABEL.—Señor, el doctor Baglioni lo busca.

JUAN.—¿Cómo, el doctor Baglioni, el amigo de mi padre?

ISABEL.—El gran médico, señor, la honra de la Facultad.

JUAN.—¡Que pase, que pase! O mejor que espere; me arreglaré un poco y lo recibiré en el salón.

BAGLIONI *(entrando)*.—No es necesario, joven amigo. Tu padre fue mi camarada de cuarto y estudios, en esta misma ciudad. Su hijo es como mi hijo.

(ISABEL hace una reverencia y vase sin hablar.)

JUAN.—Su visita me confunde, ilustre maestro. Perdone usted la pobreza de este cuarto de estudiante. Las circunstancias...

BAGLIONI.—Lo comprendo todo y lo perdono todo. En fin, ya está nuestro amigo en Padua: la viva imagen de tu padre.

JUAN.—Me conmueve su gentileza, señor doctor. Le diré la razón de mi viaje: vine con el propósito de estudiar jurisprudencia; llegué ayer y no encontré más posada, arreglada a mis medios, que este cuarto tan pobre que usted honra con su presencia...

BAGLIONI.—La vista parece hermosa: hay un jardín al lado.

JUAN.—Y éste es verdaderamente singular. Jamás había visto nada parecido. Es del célebre Rappaccini.

BAGLIONI.—¿Rappaccini?

JUAN.—Me han dicho que es un sabio, dueño de maravillosos secretos naturales.

BAGLIONI.—Te veo muy enterado de nuestras notabilidades, sean o no legítimas. En efecto, Rappaccini es un verdadero hombre de ciencia. Nadie, en la Facultad, lo iguala... con una sola excepción.

JUAN.—Usted lo conoce, claro está. Viviendo los dos en la misma ciudad y unidos por su común amor a la ciencia, deben ser muy amigos.

BAGLIONI.—Poco a poco, joven impetuoso. Rappaccini ama la ciencia, sí; sólo que la violencia misma de ese amor —o alguna monstruosa insensibilidad moral: no lo sé— ha ensombrecido su alma. Para él los hombres son instrumentos, ocasiones para experiencias dudosas y, debo decirlo, casi siempre desdichadas.

JUAN.—Debe ser un hombre peligroso.

BAGLIONI.—Lo es.

JUAN.—Y sin embargo, ¡amar de tal modo a la ciencia!

BAGLIONI.—Hijo mío, la ciencia se hizo para

el hombre y no el hombre para la ciencia.

JUAN.—Lo que no impide que Rappaccini sea autor de curas sorprendentes.

BAGLIONI.—A veces ha tenido suerte. En cambio, sé de otros casos... Pero ¿qué interés tienes en tu inquietante vecino? ¿Te sientes enfermo, por desgracia?

JUAN.—Nunca me he sentido mejor. Anoche, por ejemplo, dejé el balcón abierto y dormí como un lirón.

BAGLIONI.—El aire de Padua es muy puro... En cuanto a Rappaccini...

JUAN.—Es natural que, recién llegado a la ciudad, su figura haya despertado mi curiosidad. Es mi vecino. Y se habla tanto de su extraordinario amor por la ciencia.

BAGLIONI.—Ojalá que se hablase más de los resultados de ese insensato amor.

JUAN *(con cierta violencia)*.—Hay un objeto sobre la tierra más precioso para Rappaccini que toda su ciencia, y por el que sacrificaría todo su saber.

BAGLIONI.—¿Cuál?

JUAN.—Su hija.

BAGLIONI.—¡Al fin mi joven amigo me ha descubierto su secreto! ¡Vaya, la hermosa Beatriz es la razón escondida de todo este interrogatorio!

JUAN.—Apenas la he entrevisto, ayer por la tarde.

BAGLIONI.—No, no te disculpes. No conozco a esa muchacha. He oído decir que algunos jóvenes de Padua andan locos por ella... aunque no se le acercan. También se dice que no sólo es un prodigio de belleza sino un pozo de ciencia, de modo que podría, a pesar de sus años, ocupar una cátedra en la Facultad. *(Ríe.)* Acaso la mía... Pero dejemos estos estúpidos rumores... *(Se dirige hacia el balcón.)* ¡Lúgubre jardín!

JUAN.—Nos puede parecer reprochable, pero no podemos negar que este jardín revela un amor, ¿cómo diré?, un amor salvaje por la verdad, una pasión por lo infinito. Por eso da vértigo...

BAGLIONI.—¡Calla! Rappaccini en persona ha aparecido en su jardín.

(RAPPACCINI sale y examina las plantas. Al sentirse observado, levanta la cabeza y clava los ojos en el balcón. BAGLIONI le hace un frío saludo, que no contesta. Por un instante, ignorando a BAGLIONI, contempla con fijeza a JUAN. Luego se retira.)

BAGLIONI.—Nos ha visto y ni siquiera se ha dignado contestar mi saludo. Cierto, no me veía a mí, sino a ti. ¿Te conoce?

JUAN.—¿Cómo podría conocerme, si acabo de llegar?

BAGLIONI.—No sé, pero juraría que tiene interés en ti. Un interés... científico. ¿Y qué papel desempeña Beatriz en esta conspiración?

JUAN.—Señor profesor, ¿no va usted demasiado lejos? Ni el padre ni la hija sospechan mi existencia.

71

BAGLIONI.—Con Rappaccini nunca se sabe. Meditaré sobre lo que acabo de ver. No quisiera que al hijo de un viejo amigo le ocurriese una desgracia.

JUAN.—Señor, ¿qué quiere usted decir?

BAGLIONI.—Nada, por el momento. Apenas una sospecha... y casi una certidumbre. Pero debe ser ya muy tarde y me esperan en la Facultad. ¿Tendré el placer de verte uno de estos días por mi casa?

JUAN.—Me sentiré muy honrado, doctor Baglioni.

BAGLIONI.—Entonces, hasta la vista. (*Sale.* JUAN *se dirige al balcón; antes de que llegue, aparece de nuevo* BAGLIONI.) Las mallas que te envuelven son invisibles, pero pueden ahogarte. ¡Si me ayudas, las romperé! (*Desaparece.*)

ESCENA VI

(JUAN *se queda pensativo; con un gesto desecha las malas ideas; se asoma al balcón; se retira; se pasea; vuelve al balcón; decidido, da un salto y cae en el jardín. Examina con curiosidad y desconfianza las plantas. Todos sus movimientos son de un intruso, y, al mismo tiempo, de un hombre que esquiva peligros visibles. Se inclina sobre una flor. En ese momento, a su espalda, aparece* BEATRIZ.)

BEATRIZ.—¡Buenos días! Veo que también a nuestro vecino le interesan las flores y las plantas.

JUAN.—No sé cómo hacerme perdonar mi atrevimiento. No soy un malhechor; la verdad es que me sentí fascinado por esta vegetación insólita; no pude resistir la tentación, casi sin pensarlo di un salto... ¡y aquí estoy!

BEATRIZ.—No se disculpe: comprendo su curiosidad y estoy segura de que mi padre tampoco la reprobaría. Para él, la curiosidad es la madre de la ciencia.

JUAN.—No quisiera engañarla. No me interesa la botánica, ni me quitan el sueño los enigmas de la naturaleza. Vine a Padua para estudiar jurisprudencia; el azar nos hizo vecinos y ayer la vi —¿se acuerda?— paseando entre todas estas plantas. Entonces descubrí mi verdadera vocación.

BEATRIZ.—Confieso que no lo entiendo bien. ¿La sola vista del jardín le descubrió su vocación? Mi padre se sentirá muy orgulloso...

JUAN.—No, no es el jardín. Al verla, entre tanta planta desconocida, la reconocí, familiar como una flor y, no obstante, remota. La vida brotando entre las rocas de un desierto, con la misma sencillez con que la primavera nos sorprende cada año. Todo mi ser empezó a cubrirse de hojas verdes. Mi cabeza, en lugar de ser esta triste máquina que produce confusos pensamientos, se convirtió en un lago. Desde entonces no pienso: reflejo. Abra los ojos o los cierre, no veo otra cosa que su imagen.

BEATRIZ.—Ignoro las costumbres del mundo; he vivido sola desde niña y no sé qué responder. Tampoco sé mentir. Y aunque lo supiera, no mentiría nunca. Sus palabras me han confundido, pero no me han sorprendido. Las esperaba, sabía que tendría que decírmelas... hoy o mañana.

JUAN.—¡Beatriz!

BEATRIZ.—¡Qué extraño es mi nombre en tus labios! Nadie lo había pronunciado así.

JUAN.—Es un pájaro; digo: Beatriz, y abre las alas y echa a volar, no sé adónde. Fuera de aquí...

BEATRIZ.—Cuando te vi, me pareció que se abrían muchas puertas. Yo estaba encerrada, tapiada. De pronto, un golpe de viento abrió puertas y ventanas. Me dieron ganas de saltar y bailar. Esa noche sentí que volaba. Pero volví a caer aquí, al jardín. Sentí que los perfumes de todas estas plantas se habían entretejido para formar una malla de hilos impalpables, que dulcemente, con gran suavidad, me apresaba. Estoy ligada al suelo. Soy una de estas plantas. Si me arrancasen, moriría. ¡Vete, déjame aquí!

JUAN (*apartando con las manos la imaginaria malla de perfumes*).—Abriré un corredor entre esta espesura de efluvios; cortaré las ramas enlazadas del bosque invisible; con las uñas y los dientes cavaré un túnel en la muralla; me convertiré en una espada y de un solo tajo partiré en dos la cortina. Yo desataré el nudo. Yo te mostraré el mundo. Iremos al sur: para saludarte, el mar se levantará de su lecho y agitará su penacho de sal; a tu paso, los pinos de la avenida de mi casa se inclinarán...

BEATRIZ.—No, no conozco el mundo. El aire libre me ahogaría. *(Señala al jardín.)* Su olor me da vida; si resplandezco, es por su luz. Estoy hecha de su substancia. ¡Quédate aquí!

JUAN.—Rodearte como el río ciñe a una isla, respirarte, beber la luz que bebe tu boca. Me miras y tus ojos tejen para mí una fresca armadura de reflejos. Recorrer interminablemente tu cuerpo, dormir en tus pechos, amanecer en tu garganta, ascender el canal de tu espalda, perderme en tu nuca, descender hasta tu vientre... Perderme en ti, para encontrarme a mí mismo, en la otra orilla, esperándome. Nacer en ti, morir en ti.

BEATRIZ.—Girar incansablemente a tu alrededor, planeta yo y tú sol

JUAN.—Frente a frente como dos árboles

BEATRIZ.—Crecer, echar hojas, flores, madurar

JUAN.—Enlazar nuestras raíces

BEATRIZ.—Entrelazar nuestras ramas

JUAN.—Un solo árbol

BEATRIZ.—El sol se posa en nuestra copa y canta

JUAN.—Su canto es un abanico que se despliega lentamente

BEATRIZ.—Estamos hechos de sol

JUAN.—Caminamos y el mundo se abre a nuestro paso

BEATRIZ *(despertando).*—No, eso no. El mundo empieza en ti y acaba en ti. Y este jardín es todo nuestro horizonte.

JUAN.—El mundo es infinito; empieza en las uñas de los dedos de tus pies y acaba en la punta de tus cabellos. Tú no tienes fin.

BEATRIZ.—Al verte, yo también recordé. Recordé algo extraviado hace mucho tiempo, pero cuya huella era imborrable, como una herida secreta; algo que de pronto surgirá frente a mí para decirme: mírame, recuérdame, ese que olvidaste al nacer, ése, soy yo.

JUAN *(viéndola con fijeza).*—Me gustaría abrir la muralla de tu frente y perderme por tus pensamientos, para llegar a ti, a tu centro: ¿quién eres?

BEATRIZ.—Puedes leer en mi frente todo lo que piensas. Mi frente es un espejo que te refleja y no se cansa nunca de repetirse. Estoy habitada por tu deseo. Antes de conocerte no conocía a nadie, ni siquiera a mí misma. No sabía que había sol, luna, agua, labios. Era una de estas plantas. Hablaba a veces con este árbol. A eso se reducían mis amistades. Ayer me arrojaste unas rosas... ¿Qué puedo darte en cambio?

JUAN.—Un ramo de las flores de este árbol. Tenerlo esta noche junto a mi almohada será como tenerte a ti. *(Se acerca al árbol y alarga la mano para cortar una flor.)*

BEATRIZ.—¡No, no lo toques! ¡Sería mortal! *(Mientras dice estas palabras, roza la mano de JUAN. Éste, como tocado por una fuerza eléctrica, la retira con presteza. BEATRIZ esconde la cabeza entre las manos, aterrada. JUAN pretende acercarse. Ella lo detiene con un gesto y corre hacia su casa. JUAN intenta seguirla, pero RAPPACCINI aparece en la puerta.)*

JUAN *(confundido)*.—Perdón... mi presencia... la turbación no me deja explicarme.

RAPPACCINI *(sonriente)*.—Entre vecinos no hay nada que perdonar.

JUAN.—Sin darme cuenta, atraído por estas plantas, penetré en su jardín. Fue más fuerte que mi voluntad. Y luego, me demoré demasiado... Quizá deba irme.

RAPPACCINI.—Como usted guste. Pero le advierto que le será difícil regresar por donde vino. Será mejor que le muestre la salida.

JUAN.—Gracias, gracias.

RAPPACCINI *(abriéndole paso)*.—Por aquí. *(Salen ambos; obscurece gradualmente.)*

ESCENA VII

(El escenario aparece iluminado con una luz indecisa. Al fondo, JUAN *y* BEATRIZ.)

EL MENSAJERO.—Ajenos al mundo, se pasean entre las flores ambiguas y aspiran su vaho equívoco, que se extiende como el manto del delirio y luego se desvanece, sin dejar huella, como las imágenes del sueño se disuelven en el agua del alba. Y del mismo modo, en el espacio de unas horas, aparecieron y desaparecieron de la mano derecha de Juan —la misma que Beatriz había rozado un día antes— cinco pequeñas manchas rojas, parecidas a cinco flores minúsculas. Pero ellos no preguntan, no dudan y ni siquiera sueñan: se contemplan, se respiran. ¿Respiran la muerte o la vida? Ni Juan ni Beatriz piensan en la muerte o en la vida, en Dios o el diablo. No les importa salvar su alma ni conquistar riqueza o poder, ser felices o hacer felices a los demás. Les basta con estar frente a frente y mirarse. Él da vueltas alrededor de ella, que gira sobre sí misma; los círculos que él describe son cada vez más estrechos; entonces ella se queda quieta y empieza a cerrarse, pétalo a pétalo, como una flor nocturna, hasta que se vuelve impenetrable. Vacilante, él oscila entre el deseo y el horror; al fin se inclina sobre ella; y ella, bajo esa mirada desamparada, se abre de nuevo y se despliega y gira en torno de su enamorado, que se queda quieto, fascinado. Pero nunca se tocan, condenados a girar interminablemente, movidos por dos poderes enemigos, que los acercan y separan. Ni un beso ni una caricia. Sólo los ojos devoran a los ojos. *(Mientras habla el Mensajero, la pareja imita, con gestos y movimientos, la acción que indican las palabras.)*

ESCENA VIII

(El jardín vacío, Juan *y* Baglioni *en el cuarto.)*

Baglioni.—Espero no ser inoportuno. Uno de mis pacientes vive cerca y, antes de visitarlo, se me ocurrió detenerme por unos minutos.

Juan.—Doctor, usted siempre será bienvenido.

Baglioni.—No, no me hago ilusiones. Casi siempre los jóvenes se aburren con los viejos y nuestra charla, lejos de sosegarlos, los irrita. No hay remedio: así es el mundo. *(Pausa)*. Te he esperado en vano.

Juan.—Doctor, le aseguro que mi ausencia, en estos últimos días, no se debe a ningún olvido, sino al estudio. Me paso el día estudiando...

Baglioni.—¿El Derecho, la Historia o... la Botánica?

Juan.—Lenguas, doctor, lenguas extranjeras.

Baglioni.—¿El griego, el latín, el hebreo o el lenguaje de los pájaros?... Pero ¡qué perfume delicioso y extraño!

JUAN.—¿Perfume?

BAGLIONI.—Sí, un perfume muy tenue pero muy poderoso. Avanza y retrocede, aparece y desaparece, penetra hasta el fondo de los pulmones y se disuelve en la sangre como aire puro...

JUAN.—La imaginación, a veces, nos hace ver y hasta oler...

BAGLIONI *(interrumpiéndolo)*.—No, hijo mío. Este perfume no es una fantasía de mi espíritu, sino una realidad de mis narices. Hablo seriamente: el aroma que tan sospechosamente inunda tu cuarto, ¡viene de allí, sube de ese jardín! Y sale de tu boca: tú lo exhalas cada vez que abres los labios. Rappaccini y su hija, la astuta Beatriz, administran la muerte a sus pacientes, ¡envuelta en un manto de perfumes!

JUAN.—Diga lo que quiera de Rappaccini, pero no mencione a Beatriz.

BAGLIONI.—Rappaccini es un envenenador y su fatal manía lo ha llevado a una acción execrable: ¡ha convertido a su propia hija en un frasco de ponzoña!

JUAN.—¡Miente usted! Beatriz es inocente.

BAGLIONI.—Inocente o culpable, esa muchacha transpira, exuda muerte.

JUAN.—Beatriz es pura.

BAGLIONI.—Cómplice o víctima, es igual. Lo cierto es que Rappaccini te ha escogido como objeto de un nuevo y atroz experimento. El anzuelo es su hija.

Juan.—¡Fantasías, fantasías! Es demasiado horrible para ser cierto.

Baglioni.—¿Y si lo fuese?

Juan.—¡Estaría perdido! No habría salida para mí...

Baglioni.—Hay una. Burlaremos a Rappaccini. Escucha. *(Saca un frasco del bolsillo.)* Este frasco contiene un antídoto más poderoso que la famosa piedra bezoar, que el estalión o la triaca romana. Es el fruto de muchas noches de desvelo y muchos años de estudio. Si Beatriz es inocente, dáselo a beber: recobrará al poco tiempo su naturaleza original. Y ahora ¡adiós! En tus manos queda tu destino.

(Juan quiere hablar. Baglioni *le impone silencio con el dedo, le entrega el frasco y se va.)*

ESCENA IX

Juan.—Es una fábula, una invención de la envidia... Pero, ¿el ramo de rosas, las manchas en mi mano? *(Se mira la mano.)* No, no tengo nada. Gozo de una salud espléndida. Soy fuerte; amo la vida, la vida me ama. ¿Y si fuese cierto?... ¿Cómo saberlo?... *(Se pasea, indeciso. De pronto grita.)* ¡Isabel, señora Isabel! Suba pronto, la necesito.

Voz de Isabel.—¡Ahora voy, ahora voy! *(Mientras Isabel aparece, Juan se mira en el espejo y se palpa.)*

Isabel.—¿Qué desea el señor?

Juan.—Nada, una pequeñez: ¿me obsequiará una rosa? Una rosa como aquellas que me dio la tarde de mi llegada.

Isabel.—¿Una rosa?

Juan.—Sí, una rosa roja, una rosa con gotas de rocío...

Isabel.—¡Válgame Dios! El señor está enamorado.

Juan.—¡Una rosa acabada de cortar!

Isabel.—Al instante, señor. *(Sale.)*

Juan.—Aunque Baglioni esté en lo cierto y Beatriz haya sido nutrida con veneno, yo estoy sano y fuerte. El aire de Nápoles me defiende... Y si todo resultase mentira, le cortaría la lengua, ilustre doctor Baglioni...

Isabel *(con la rosa)*.—No encontré rosa más bonita que ésta. Mírela: ¡parece que está viva!

Juan *(interrumpiéndola)*.—Gracias, señora Isabel. *(Le da unas monedas.)* Y ahora déjeme, quiero estar solo.

Isabel.—¡Virgen Santísima, cuánto capricho! Los jóvenes están locos. *(Sale.)*

Juan *(con la rosa en la mano)*.—Una rosa roja, un pequeño corazón trémulo entre mis manos. Una rosa con sed. *(Sopla sobre ella.)* ¡Refréscate, aspira vida! (*La rosa ennegrece. Horrorizado, la arroja al suelo.*) ¡Es verdad, es verdad! ¡Mi aliento mata, llevo la muerte en la sangre! ¡Estoy maldito, cortado de la vida! Un muro de veneno me separa del mundo... y me une a un monstruo.

BEATRIZ (*desde el jardín*).—¡Juan, Juan! El sol ya está alto y las plantas nos reclaman.

JUAN (*duda; después, resuelto*).—Espera, saltaré por el balcón para llegar más pronto. (*Salta.*)

BEATRIZ.—Desde que amaneció, me puse a contar las horas que nos faltaban para encontrarnos. Porque sin ti el jardín ya no me parece mío... En sueños te hablo y tú no me contestas: hablas tu lenguaje de árbol y, en lugar de decir palabras, das frutos.

JUAN (*con inquietud*).—¿Qué clase de frutos?

BEATRIZ.—Grandes frutos dorados, frutos de sueño. ¿No te dije que lo soñé? (*Viendo una planta.*) Mira, cambió de color. ¡Y cómo huele! Su aroma adormece el jardín.

JUAN (*con zaña*).—Debe ser un narcótico muy poderoso.

BEATRIZ (*con simplicidad*).—No lo sé. Ignoro muchas de las propiedades de las plantas. Y mi padre tampoco conoce todos sus secretos, aunque él diga otra cosa. Claro, son nuevas.

JUAN.—¿Nuevas? ¿Qué quieres decir?

BEATRIZ.—¡Qué pregunta! ¿No lo sabes? Son plantas que antes no existían, especies inventadas por mi padre. Corrige a la naturaleza, le añade riquezas, como si le diese vida a la vida.

JUAN.—Yo más bien diría que enriquece a la muerte. Este jardín es un arsenal. Cada hoja, cada flor, cada raíz, es un arma mortal, un instrumento de tortura. Nos paseamos muy tranquilos por la casa del verdugo y nos enternecemos ante sus creaciones...

BEATRIZ.—¡No sigas! ¡Es horrible lo que dices!

JUAN.—¿Hay algo más horrible que este jardín? ¿Algo más horrible que nosotros? Óyeme, desdichada, ¿te das cuenta de quién eres y de cómo vives? La peste, el tifo, la lepra, las enfermedades misteriosas que cubren el cuerpo con una pedrería de llagas escarlata, las lianas de la fiebre, las arañas del delirio, los ojos que estallan corrompidos al medio día, la baba verde... todo está aquí concentrado. Este jardín es una pústula en el pecho de la ciudad...

BEATRIZ.—¡Óyeme! No puedes condenarme sin oírme...

JUAN.—¡Atrás, no me toques! Manzana podrida, manzana envenenada. Muerta ¡y engalanada con los atributos de la vida!

BEATRIZ.—Yo estaba sola...

JUAN (interrumpiéndola).—¡Cómo una isla maldita! Entonces me escogiste a mí. Ya tienes un cómplice; puedes regocijarte: nuestros alientos enlazados van a secar las cosechas y envenenar las fuentes. (Pausa.) ¡Habla, di algo!

BEATRIZ *(con calma)*.—Esperaba todo esto. Sabía todo lo que me dirías. Pero estaba loca y confiaba en un milagro. Desde niña vivía sola, contenta con mi suerte. A veces, el rumor del mundo golpeaba los muros de esta casa y esos llamados me turbaban... mi sangre latía con otro latido. Luego, a la vista de mi jardín, embriagada por su fatal aroma, olvidaba que había gatos, caballos, rosas, claveles, hombres. ¿Qué podían importarme las manzanas, las granadas o las peras, si tenía los frutos de este árbol, semejante al árbol del Paraíso? Mi padre me decía: en él la muerte se ha hecho vida.

JUAN.—Lo que tú llamas vida engendra la enfermedad, la locura y la muerte. Tu aliento mata.

BEATRIZ.—Mi aliento mata, pero no mi pensamiento. Pertenecía a mi padre, a su sueño infinito. Como estas plantas, era una réplica y un reto a la naturaleza: los venenos más poderosos circulaban por mis venas sin hacerme daño. Era una de las creaciones de mi padre: la más osada, la más temeraria, la más...

JUAN.—Funesta.

BEATRIZ.—Funesta.

JUAN.—La más culpable...

BEATRIZ.—No tuve culpa. Nada vivo me rodeaba, no hice mal a nadie, excepto a mí misma. No tuve gato, ni perro, ni canario. Nadie me enseñó a cantar, nadie jugó conmigo, nadie tembló conmigo en un cuarto obscuro. Mi vida era crecer, respirar y madurar. ¡Ay, madurar!

JUAN *(con ternura y odio)*.—Madurar como una fruta infinitamente deseable, infinitamente intocable.

BEATRIZ.—Vivía la vida de la semilla, sola, recogida en mí misma, plantada en el centro de mi ser. Aislada.

JUAN.—Isla que no ha de tocar ningún pie humano, isla fuera de las grandes rutas, perdida en la inmensidad del tiempo, condenada a no salir de ti misma.

BEATRIZ.—Adormecida, sin recuerdos ni deseos, bien arraigada al suelo, bien plantada en mí misma. Después, el mundo se abrió en dos. Me arrancaste como a una hierba, cortaste mis raíces, me arrojaste al aire. Suspendida a tus ojos, me balanceaba en el vacío. Desde entonces no tengo sitio. Me echaría a tus pies, pero no lo haré: envenenaría tu sombra.

JUAN.—¡Condenados a vernos sin jamás poder tocarnos!

BEATRIZ.—Me basta con mirarte. Me basta con tu mirada. No soy dueña de mí, no tengo existencia propia, ni cuerpo ni alma. Tu pensamiento me penetró, no hubo cueva ni escondrijo al que no llegaras. No hay espacio en mí para mí. Pero yo no quiero estar en mí, sino en ti. ¡Déjame ser uno de tus pensamientos, el más insignificante! Y después, olvídame.

RAPPACCINI (*invisible, perdido en el jardín: sólo se oye su voz*).— Hija, ya no estás condenada a la soledad. Corta una de las flores de nuestro árbol y dásela a tu enamorado. Puede tocarla sin temor. Y puede tocarte a ti. Gracias a mi ciencia —y a la secreta simpatía de la sangre— sus opuestas naturalezas se han reconciliado. Los dos pueden ya ser uno. Enlazados atravesarán el mundo, temibles para todos, invencibles, semejantes a dioses.

JUAN.—Rodeados de odio, rodeados de muerte. Como dos víboras, escondidos en las grietas de la tierra.

VOZ DE RAPPACCINI.—¡Estúpido! Rodeados del asombro y del temor reverente, vencedores de la vida, impenetrables, augustos donadores de la muerte.

JUAN.—¡Loco, no nos vencerá tu orgullo, no nos encerrarás en tu trampa! Hay una salida. Tengo la llave que nos dará la libertad. Beatriz, toma este antídoto y bébelo sin temor: recobrarás tu verdadera naturaleza. (*Le da el frasco.*)

VOZ DE RAPPACCINI.—No lo bebas, hija, no lo bebas. El antídoto sería veneno para ti. Morirías.

JUAN.—Bébelo, es una nueva treta del viejo. Bébelo sin miedo y reniega de este monstruo. Serás libre.

VOZ DE RAPPACCINI.—¡Ingenuo! ¡Ignorante! Los elementos de su sangre han asimilado de tal modo mis venenos, que cualquier antídoto sería la muerte instantánea. ¡Hija, no lo bebas!

BEATRIZ.—Padre, si me condenaste a la soledad, ¿por qué no me arrancaste los ojos? Así no lo hubiera visto. ¿Por qué no me hiciste sorda y muda? ¿Por qué no me plantaste en la tierra como a este árbol? Así no hubiera corrido tras de su sombra. *(A JUAN.)* Ay, ciega, sorda, muda, atada al suelo con hierros, habría corrido hacia ti. Mi pensamiento se abraza a tu imagen como una enredadera; con garras y espinas me afianzo al muro y me desgarro y caigo a tus pies.

JUAN.—Abrí los ojos y me vi plantado en este jardín como un árbol maldito, cortado del fluir de la vida...

BEATRIZ.—Para llegar allá, a la verdadera vida, caminábamos bajo los arcos de la muerte, con los ojos cerrados. Pero tú los abriste, flaqueaste...

JUAN.—¡Tuve vértigo! Retrocedí... ¡Abre los ojos, mírame, mira a la vida!

BEATRIZ.—No, regreso a mí misma. Al fin me recorro y me poseo. A obscuras me palpo, a obscuras penetro en mi ser y bajo hasta mi raíz y toco el lugar de mi nacimiento. En mí empiezo y en mí termino. Me ciñe un río de cuchillos, soy intocable.

VOZ DE RAPPACCINI.—Óyeme llorar y suplicarte: ¡no lo bebas! Daré marcha atrás, obligaré a la naturaleza a que tuerza su curso. Te quise hacer más fuerte que la vida: ahora humillaré a la muerte.

BEATRIZ *(bebe)*.—Ya di el salto final, ya estoy en la otra orilla. Jardín de mi infancia, paraíso envenenado, árbol, hermano mío, hijo mío, mi único amante, mi único esposo, ¡cúbreme, abrázame, quémame, disuelve mis huesos, disuelve mi memoria! Ya caigo, ¡caigo hacia dentro y no toco el fondo de mi alma!

RAPPACCINI *(apareciendo.)* Hija, ¿por qué me has abandonado?

EPÍLOGO

EL MENSAJERO.—Una tras otra se suceden las figuras —el Juglar, el Ermitaño, la Dama— una tras otra aparecen y desaparecen, se juntan y separan. Guiadas por los astros o por la voluntad sin palabras de la sangre, marchan hacia allá, siempre más allá, al encuentro de sí mismas; se cruzan y enlazan por un instante y luego se dispersan y se pierden en el tiempo. Como el concertado movimiento de los soles y los planetas, infatigablemente repiten la danza, condenadas a buscarse, condenadas a encontrarse y a perderse y a buscarse sin tregua por los infinitos corredores. ¡Paz a los que buscan, paz a los que están solos y giran en el vacío! Porque ayer y mañana no existen: todo es hoy, todo está aquí, presente. Lo que pasó, está pasando todavía.

Telón

Índice

Otras obras del autor en Alianza Editorial:

Cuerpos y ofrendas (LB 421)
Los signos en rotación (A3 117)
Apariencia desnuda. La obra de Marcel Duchamp
(AF 81)

Títulos de la colección: